Der kleine
Mallorca
Verführer

*»Ein Land, dem die Ringeltaube die Farben ihres
Halsbandes lieh und das der Pfau in die Pracht
seines Federkleides hüllte. Es ist, als ob seine Flüsse Firnwein
führten und die Innenhöfe der Häuser Kelche
wären, um ihn zu trinken.«*

Ibn al Labbana, maurischer Poet

Roland Motz · Gerhard P. Müller

Der kleine

Mallorca
Verführer

Impressionen von der Insel
der Buchten, Fincas und
malerischen Bergdörfern

BRUCKMANN

Inhalt

Den Nordosten prägen die breiten Sandbuchten von Pollença und Alcúdia. Beide sind touristisch stark erschlossen. Pollença mit seinem Kalvarienberg ist wahrlich einen Besuch wert, und nirgendwo sonst kann man ein historisch stimmigeres Ensemble erleben als in der Altstadt von Alcúdia.

Das Inselinnere – Mit dem Rad zurück zu den Wurzeln *100*

Sineu – Muro – Petra – Randa

Anders als man es vom Tourismus her kennt, spielt das Land, der Campo, eine viel größere Rolle und genießt eine größere Wertschätzung in der Bevölkerung als die Küste. In der fruchtbaren Ebene Es Pla mit ihren von Steinmauern eingefassten Ländereien und den charakteristischen Windmühlen liegen die Wurzeln des Insellebens. Typisch für das meist beschauliche Landleben sind die Wochenmärkte, unter denen der von Sineu am beliebtesten ist.

Vom stillen Süden in den milden Osten – Strände, Küste, Meer *116*

Es Trenc – Mondragó – Cala d'Or – Portocolom – Cala Rajada

Künstler und Schriftsteller behaupten seit ihrer »Entdeckung« Mallorcas, die Insel habe viele Gesichter. Sie haben recht. Während westlich der stillen Südspitze, dem Cap de ses Salines, mit Es Trenc der letzte kilometerlange Naturstrand lockt, zeigt sich an der Ostküste ein anderes Bild: Fjordähnliche Buchten mit türkisfarbenem Wasser reihen sich von Cala Figuera bis Cala Rajada aneinander.

Die Top Ten Mallorcas *136*

Der Traum des Erzherzogs: Ludwig
Salvators italienische Momente in
Son Marroig

Auf der Halbinsel Formentor reicht der Pinienwald fast bis ins azurblaue Meer hinein.

Die Insel der Gegensätze

Ein Streifzug durch Mallorca

Die schönste Art, Mallorca kennenzu-lernen, ist, auf einen der zahlreichen Berge und Hügel der Insel zu steigen, den Blick schweifen und die Bilder in sich eindringen zu lassen. Von oben kann man eine Kulturlandschaft be-trachten, die je nach Jahreszeit in die verschiedensten Farben getaucht ist –

vor allem Ende Januar ergibt das unvergessliche Eindrücke: Dann erblühen vor dem Hintergrund schneeweißer Berggipfel weiß und zartrosa die Mandelbäume, die vielen Zitrussträucher tragen bereits ihre Früchte in hellem Gelb. Daneben stehen Olivenbäume mit ihren matt-silbrigen Zweigen und noch blattlos die Feigenbäume. Im sattgrünen Gras unter den Johannisbrotbäumen weiden die weißen Schafe mit ihren Lämmern.

Plötzlich durchbricht die Sonne den Wolken- und Nebelvorhang und gibt für kurze Zeit den Blick auf Buchten und Felsen frei, die sich blass über dem Meer erheben. In diese ländlichen Gegenden Mallorcas möchte man immer wieder zurückkehren. Zum Beispiel im Juni. Zwischen den

Olivenbäumen stehen die abgeernteten ockergelben Weizenhalme, die bald ganz von den Schafen abgeweidet sein werden. Von den Halmen des Stoppelfeldes wandert der Blick zu den nahen, nicht allzu steilen, mit Büschen, Gestrüpp und einzelnen Bäumen bewachsenen Bergen. Hinter ihnen versinkt kurz nach neun Uhr die Abendsonne, lange nachdem der Mond schon mitten am Himmel steht. Der Sternenhimmel ist so klar und deutlich zu sehen wie sonst nur in den Tropen.

Oder aber im Oktober: Ein zartes Rauschen, fast wie ein Windstoß – der erste große Starenschwarm ist auf dem Weg nach Süden über die Insel hinweggeflogen. Man hört das Meer, leicht und beruhigend. Ein paar Grillen zirpen noch, bis das Abendglühen vorbei ist, in das die letzten Strahlen der Sonne die Wolken getaucht haben.

Der Blick wandert über weitläufige Felder und zahlreiche Gärten hinweg bis zu den scharf gezeichneten Berggipfeln der Serra Tramuntana. Langsam erheben diese sich aus einer fast ebenen Landschaft

Links: Fahnenparade: Erst in zweiter Linie fühlen sich die Mallorquiner als Spanier.
Rechts: Ab dem Jahr 1230 wurde ununterbrochen an Palmas Kathedrale La Seu gebaut.

13

Links: Ruhige Stunden in Fornalutx – Rechts: Das Tagwerk ist getan.

und fallen auf der Meeresseite schroff zur Küste hin ab.

Vom Bratwurstarchipel zum Gourmetziel

Mallorca ist zum Synonym für den Massentourismus schlechthin geworden. Die Insel verfügt über knapp ein Viertel der ge-

samtspanischen Kapazität an Hotelbetten. In diesen Betten verbringen jährlich rund zehn Millionen Menschen ihre Ferien. Die meisten von ihnen kommen aus England und Deutschland. Zusammen bestreiten sie drei Viertel des mallorquinischen Tourismusaufkommens. Rund drei Viertel buchen eine Pauschalreise bei einem der großen Reiseveranstalter, und dies vor allem für die heißen Sommermonate Juli und August. Während dieser Zeit leben auf der Insel Mallorca mehr als doppelt so viele Ausländer wie Einheimische. Der Anteil des Tourismus am balearischen Bruttoinlandsprodukt beträgt rund 80 Prozent.

Das Phänomen Mallorca ist den deutschen Nachrichtenmagazinen und Illustrierten jährlich mehrere Titelgeschichten und Sonderhefte wert. Mallorca-Urlauber sind Thema von Kinofilmen wie »Ballermann 6«, von Soaps und TV-Serien wie »Suche nach dem Paradies«. Mallorca-Beachpartys werden weitab vom Meer im fernen Odenwald ebenso wie in der Lüneburger Heide – 2000 Kilometer Luftlinie von der mythischen Destination entfernt – gefeiert. Früher stand Mallorca für die Monokultur des Billigtourismus. In den deutschen Gazetten las man vom »Teutonengrill«, vom touristischen Altersheim, vom Bratwurstarchipel. Heute ist das Bild der Baleareninsel vielfältiger. Man kann Klatschgeschichten aus der Welt der deutschen Mallorca-Prominenz lesen, sich über die Spitzengastronomie der Insel informieren oder die schönsten Wander- und Radrouten kennenlernen.

»Balearisierung« wird als feststehender Begriff für die unkontrollierte Zubetonierung ganzer Küstenabschnitte und ihrer Umwandlung zu Zentren des Massentourismus benutzt, die es in anderen Regionen und Ländern zu verhindern gelte. »Mallorca-Akne« hat als Fachbegriff für eine sich

ausbreitende Hautkrankheit in medizinische Lexika Eingang gefunden, die durch den übermäßigen Gebrauch von Sonnenschutzmitteln in Kombination mit einem zu langen Aufenthalt in der Sonne entsteht. Und »Mallorca-Tennis« ist der wenig schmeichelhafte Fachausdruck für eine Spielweise, die gänzlich ohne technische Finessen auskommt.

Mythos Ballermann

An manchen Orten, insbesondere in der großen Bucht von Palma, treffen einige Vorurteile bisweilen sogar zu. Weiß der Himmel, was junge Frauen dazu antreibt, sich an den häufig stattfindenden Miss-Hotel-Soundso-, Miss-Playa-, Miss-Topless- oder Miss-Holiday-Wahlen zu beteiligen, um sich der Fleischbeschau und damit den notorisch als Single anreisenden Herren von Ahlen bis Zwickau anzubieten. Und wenn man sich nachts in die Diskotheken von S'Arenal begibt, wird man wohl tatsächlich nicht bestreiten wollen, sich im 17. deutschen Bundesland zu befinden. Man wird sich erst gar nicht fragen müssen (wie Kurt Tucholsky bei seiner Ankunft in Spanien), ob man sich anständig benehmen müsse oder ob schon Deutsche dagewesen seien. Man könnte selbst dem bösartigen Satz Heiner Müllers zustimmen, zehn Deutsche seien dümmer als fünf.

Aber das ist natürlich nur die eine Seite der mallorquinischen Realität, die immer mehr Inselbewohnern missfällt, auch wenn sie damit wirtschaften. Mallorca hat das höchste Pro-Kopf-Einkommen in Spanien und die höchsten Grundstückspreise aller spanischen Regionen, und auch die Lebenshaltungskosten liegen weit über dem Landesdurchschnitt.

Wurzeln des Wohlstands

Allein in den letzten 20 Jahren sind die Preise für den Landerwerb um ein Vielfaches gestiegen – etwa seitdem die Schönen, Reichen und Erfolgreichen, angefangen bei Boris Becker über Michael Douglas bis zu

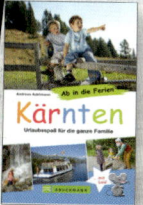

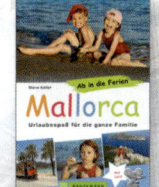

Der perfekte Urlaubsbegleiter

Mehr Einblicke
Vertiefungskapitel geben nützliche Informationen zu Land und Leuten.

Einfach gut
Wohlfühladressen vermitteln ein authentisches Flair.

Neues Layout
Mehr Raum für Bilder, ein inspirierendes Inhaltsverzeichnis und ein luftiges Design sorgen für den optimalen Überblick.

NEU: Faltkarte zum Herausnehmen
Aktuell, exakt und klar aufgebaut: Die neue, benutzerfreundliche Faltkarte für die optimale Orientierung.

Je Titel 288 Seiten, über 400 Fotos + Faltkarte für nur € (D/A) 15,99* · sFr. 21,50

Auf spannender Entdeckungstour

> **Kurzweiliges:** Unterhaltsame Texte kommen schnell auf den Punkt

> **Überraschendes:** Ein neuer Blick auf vermeintlich Bekanntes

> **Praktisch:** Alle notwendigen Informationen auf einen Blick erzählen von ihren Entdeckungen

Je Titel 192 Seiten, über 80 Fotos für nur € 13,99* · € (A) 14,40 · sFr. 19,50

Links: Frühlingsfarben bei Sineu – Rechts: Schneeweiße Dünenverstecke bei Cala Rajada

Claudia Schiffer, die Insel für sich entdeckt und damit zu ihrem Image-wandel beigetragen haben. Seitdem gilt eine restaurierte Finca mit Pool in der Nähe einer kleinen verschwiegenen Bucht als Statussymbol für die Besserverdienenden zwischen Hamburg und München. Die Gründe für den allgemeinen Wohlstand sind zum großen Teil in der Verteilung des Bodenbesitzes auf den Inseln zu finden.

Anders als in Andalusien, dem ebenfalls vom Tourismus stark begehrten Süden Spaniens, bestimmten auf Mallorca überwiegend Bauern mit mitt-leren und kleinen landwirtschaftlichen Nutzflächen das Bild. Fast alle Mallorquiner, selbst wenn sie schon lange keine Bauern mehr sind, vom Taxifahrer in Palma bis hin zum Bäcker im ländlichen Pollença, verfügen über ein kleines Stück Land mit einer Finca, wo die Familien zwischen Oliven- und Mandelbäumen ihre Wochenenden verbringen – das sich aber eben auch gewinnbringend an ausländische Interessenten verkaufen lässt. Der Tourismus korrigierte im Übrigen das mallorquinische Erb-recht auf spektakuläre Weise. Die fruchtbaren Ländereien im Inselinne-ren, die traditionell dem ersten männlichen Nachkommen zugesprochen

wurden, erwiesen sich plötzlich als das schlechtere Geschäft, während die weiblichen und alle weiteren Erben mit ihren unfruchtbaren Steinäckern und Sandplacken am Meer mit einem Mal das große Los gezogen hatten. Der Grund: Nicht mehr die Fruchtbarkeit entscheidet über den Wert des Bodens, sondern sein Nutzen für die Tourismusindustrie.

Mittlerweile werden bebaubare Grundstücke nicht nur in Küstennähe, sondern auch überall auf dem Land nachgefragt und angeboten. Die Büros der Immobilienmakler im verschlafenen Ort Sineu beispielsweise sprechen Bände. Auch die geografische Mitte Mallorcas steht zum Verkauf. Dennoch: Die Mallorquiner haben zwar Teile ihrer schönen Insel, nicht aber sich selbst verkauft.

Man macht Geschäfte, ist freundlich und korrekt, bewahrt aber immer auch eine gewisse Distanz zu den ausländischen Gästen. Der Rückzug in den Kreis der Familie und Verwandten, in den so schnell kein Außenstehender vorzudringen vermag, hat sich als der beste Schutz vor den Fremden erwiesen, und auf die Weise kommt man mit diesen bestens zurecht.

Ein Paradies auf Erden

Mallorca, mi amor. »Eine Perle zwischen den zwei silberblauen Schalen des Himmels und des Meeres – herrliches Land, um in Ruhe alt zu werden«, schrieb Spaniens Nationaldichter Miguel de Unamuno. »Mallorca ist die glänzende Sonne des Mittelmeers, Menorca, Ibiza und Formentera sind ihre leuchtenden Strahlen«, so der Schriftsteller Jasson

Links: Burgähnliche Gutshöfe wie dieser prägen das Gesicht des ländlichen Mallorca. – Rechts: Siesta mallorquinisch, im grünen Schatten auf der Terrasse eines Stadtpalais

Blean. Der von Krankheit gebeutelte Frédéric Chopin meinte gar: »Ich lebe im Paradies auf Erden, ich bin ein besserer Mensch«, und seine Geliebte George Sand sah eine Schweiz im Mittelmeer liegen: »Es ist ein grünes Helvetien unter kalabrischem Himmel mit dem feierlichen Ernst des Orients.« Wie immer man es selbst empfinden und auszudrücken vermag: Dies ist die andere Seite der Insel Mallorca, die auch heute noch – trotz 60 Jahren Massentourismus – Bestand hat. Denn die Eingeflogenen konzentrieren sich, als ob das Newtonsche Gesetz von der Anziehungskraft der Masse auch für den Pauschaltourismus gälte, auf die Hochburgen am Meer.

Ruhe im Inselinnern

In Sineu herrscht außer an Markttagen große Stille. Hier, wie fast überall im Landesinneren und in einigen Küstenregionen, trifft man auf ein anderes Mallorca, das vielen Klischeevorstellungen widerspricht; obwohl »ursprünglich« und »unberührt« nicht die richtigen Worte wären, um das zu beschreiben, was man auf der Insel sehen und erleben kann. Unser Buch nimmt Sie mit auf eine weite Reise über die von der Natur so reich beschenkte Mittelmeerinsel. Sie werden es sehen – und dann selbst erleben wollen: Mallorca, das sind noch immer alte Bauern unter uralten Olivenbäumen, aber auch urbane Jugend auf eleganten Hauptstadtboulevards in Palma, Sonntagsfestessen der Mallorquiner im Freien, schroffe Felsen und fruchtbare Gärten. Das sind die schneebehangenen Berge über dem zartrosa-weißen Blütenteppich der Mandelbäume im Januar und Februar, dem ersten balearischen Frühling. Länger werdende Tage

Links: Ein Bild nur scheinbar aus vergangenen Tagen: Rückkehr von der Feldarbeit –
Rechts: Blütenmeer: Mandelbäume bei Llucmajor am Jahresanfang

auf blumendurchwirkten Feldern und Wiesen im Frühjahr, der Duft von Lavendel und Rosmarin in der Macchia, Wanderungen in den Bergen, Radtouren durch die Täler, begleitet von einer noch milden Sonne. Bald wird sie zur flimmernden Hitze bei hoher Luftfeuchtigkeit im langen Sommer, Siesta, Baden im Meer, Leben im Freien und lange Nächte auf der Plaça. Erste Regenfälle im Herbst, letzte Badefreuden, wenn die Kraft der Sonne nachlässt, melancholische Abendausflüge zu Pferd an den von Sommergästen verlassenen Stränden. Herbst- und Winterstürme ziehen über die Insel, rütteln an den Fensterläden, um dann überraschend die Wolkendecke aufzureißen und einen unwirtlichen Dezembertag in einen sanften Winterabend zu verwandeln, gekrönt vom Himmelsrot der untergehenden Sonne.

Mallorca mit seiner 554 Kilometer langen Küstenlinie ist weit mehr als die Summe seiner Strände, weit mehr als Sonne, Sand und Meer. Mallorca hält für seine Besucher ein Schatzkästchen bereit, aus dem sich die unterschiedlichsten und seltensten Kostbarkeiten bergen lassen. In diesem Sinne »Benviguts – Herzlich willkommen« auf Mallorca!

Die Inselmetropole

Allein die Hauptstadt Palma ist schon eine Reise wert. Unter Palmen flaniert man am Hafen entlang, schaut sich in Museen spanische und internationale Kunst an und erkundet verwinkelte Gassen. Seit Generationen nennen die Mallorquiner ihre lebendige Hauptstadt schlicht und einfach la Ciutat – »die Stadt«. Sie lassen keinen Zweifel daran aufkommen, dass auf Mallorca nur diese eine existiert. Knapp die Hälfte der mallorquinischen Bevölkerung lebt in und noch mehr von der lebendigen, eleganten und überaus dynamischen Inselmetropole am Meer. Palma ist zugleich der Parlaments- und Regierungssitz der Balearen sowie die einzige Universitätsstadt der Insel. In der malerischen Altstadt liegen die Hauptattraktionen der Stadt, die Kathedrale, das Kloster Sant Francesc, der Almudaina-Palast, herrschaftliche Adelspaläste sowie die Arabischen Bäder. Das alte Hafenviertel Sant Pere ist das Zentrum der Nachtschwärmer, der Restaurants und Kunstgalerien. Etwas außerhalb des Stadtzentrums liegen das Miró-Museum und das Castell de Bellver mit großartigem Blick über die Bucht und die Stadt.

Palma

Oben: Gotische Doppelbögen tragen den oberen Arkadengang im Castell de Bellver. – Mitte: Von der Frühzeit bis zur Reconquista: Die Burg beherbergt das Stadtmuseum Palmas. – Unten: Um 1900 zog der Jugendstil in die Ciutat ein.

# Die Insel-
metropole

Palma, »la Ciutat«

Castell de Bellver – La Sen – Sa Portella –
Tren de Sóller

In Palma kann der Besucher der Balea-
renhauptstadt eine Menge entdecken.
Vielleicht sollte man sich langsam nä-
hern und seinen Aufenthalt mit einem
morgendlichen Besuch der Festung Bell-
ver über der Stadt beginnen. Der Weg
führt durch die weiten Gartenanlagen
oberhalb der Plaça Gomila zum Castell
de Bellver. Die strategisch günstig über
der Stadt thronende Burg ist 1309
unter Jaume II. gebaut worden. Konzipiert war sie damals sowohl als
Verteidigungsanlage als auch königliche Residenz.

Im Jahr 1229 eroberte Jaume I. die Insel von den Mauren. Völlig überraschend kamen die Mallorquiner zu einem eigenen König, als Jaume
der Eroberer bei seinem Tod ein ungewöhnliches Testament hinterließ.
Anstatt sein Reich Aragón nur dem ältesten Sohn zu vermachen, wie es

seinerzeit üblich war, bedachte er auch den jüngeren mit den Landes-
teilen Montpellier, dem Roussillon und den Balearen. Jaume II. machte
sich sofort zum König von Mallorca und verschanzte sich im Rundbau
des Castell de Bellver auf den Hügeln über Palma. Das unabhängige
Königreich Mallorca war aus der Taufe gehoben. Zu Anfang stand es
unter einem glücklichen Stern. Die Mauren hatten den christlichen
Rückeroberern ein blühendes Inselreich hinterlassen. Neue Techniken
ließen den Bau immer größerer und schnellerer Schiffe zu. Nie war Mallorca näher am Zentrum des Wirtschaftsgeschehens als in jenem kurzen
Jahrhundert der Unabhängigkeit. Stolze Segler liefen aus mallorquinischen Werften vom Stapel. Bald hatte die *Ciutat* sämtliche spanischen
Festlandshäfen einschließlich den von Barcelona an ökonomischer
Bedeutung überflügelt. In Palma sorgte das Consulado del Mar als
Schiedsgericht für Ruhe bei Rechtshändeln. Die erste Börse, die Llotja,
wurde gegründet und florierte. Mallorquinische Webstoffe fanden welt-

*Links: Der Torre de Homenatje diente dem Kastell als vorgeschobener Verteidigungspos-
ten. – Rechts: Immer mehr private Investoren restaurieren Palmas Altstadtbauten.*

weit Abnehmer. Zwischen Flandern und England, dem Sudan und Algier, Alexandrien und Konstantinopel segelten die Mallorquiner hin und her, handelten mit Gewürzen, Gold und Sklaven. Ihre Fahrten führten sie an den Rand der damaligen Welt. Jaume Ferrer hieß der große mallorquinische Seefahrer, der tief nach Westafrika bis zum Río de Oro vordrang. Die Balearen brachten es auf genau vier Könige, von denen Jaume III. der letzte sein sollte. Erst kam die Pest, und danach kamen die Spanier. Pedro IV. von Aragón schickte 1349 eine Kriegsflotte gegen die geschwächten Mallorquiner, deren Heer in der Schlacht von Llucmajor mitsamt dem König niedergemetzelt wurde.

Die »Kathedrale des Lichtes«

Doch zurück zum Castell de Bellver. Der Aufstieg zum Dach verspricht einen fantastischen Panoramablick über ganz Palma. Spätestens von hier oben versteht man ganz und gar, warum die Einwohner selbstbewusst nur von la Ciutat sprechen. Von hier aus hat man eindeutig den besten Blick auf die Stadt.

Wohin man auch geht in der Stadt der Palmen, überall hat man die Kathedrale fest im Blick. La Seu, der Bischofssitz und das Wahrzeichen von Palma, erstrahlt bei Tag und bei Nacht. Auch im Inneren besticht der gotische Sakralbau durch seine hohen Gewölbe, die von schmalen Säulen getragen werden. Vormittags fällt das Licht durch die frisch restaurierten Rosetten und gibt dem Kircheninneren einen fast heiteren Ton. Nicht umsonst heißt sie bei den Mallorquinern auch »Kathedrale des Lichtes«. Ein Freund von Zahlen könnte sie so be-

schreiben: Die Außenlänge beträgt 118 Meter, die Innenmaße sind 109 Meter Länge auf 39 Meter Breite, 43 Meter Höhe bei einer 4250 Quadratmeter großen Decke, die auf nur 14 überaus schlanken Säulen aufliegt. An die 1236 farbige Glasstücke zählt die mit 12,5 Meter Durchmesser größte Fensterrosette der Welt. Anfang des 20. Jahrhunderts durfte Antoni Gaudí, der katalanische Baumeister, den Innenraum der Kathedrale im Jugendstil mitgestalten. Er benutzte zur Renovierung ausschließlich *marès*, den mallorquinischen Sandstein. Der Stein überzieht die Ehrfurcht erregende Größe der Gewölbestruktur mit einem milden warmen Ton, den man, wenn man näher herankommt, immer stärker wahrnimmt. Mehr als 300 Jahre wurde an der Kathedrale gebaut, die zu Recht als eine der schönsten in Europa gilt.

Direkt neben der Kathedrale und von der Stadtmauer zum Meer hin begrenzt, steht der Palau Almudaina, die ehemalige Residenz der maurischen Herrscher. Teile des arabischen Palasts sind heute als Museum für Besucher geöffnet, während im größeren nicht öffentlichen Bereich das militärische Oberkommando der Balearen seinen Sitz hat. Wer die düsteren hohen Räume mit der dunklen Ahnengalerie besucht, versteht sofort, warum sich der ehemalige spanische König Juan Carlos I. lieber in

Links: Mallorcas Hauptstadt, dank ihrer berühmten Kathedrale weithin unverkennbar – Rechts: Palmas Wahrzeichen, La Seu, zählt zu den schönsten Kirchen der Welt.

Zur blauen Stunde ganz besonders romantisch: Die berühmte »Kathedrale des Lichtes« spiegelt sich farbenfroh im Meer.

Marivent aufhält. Dennoch liefert der Palast eine wichtige Information: Weht die spanische Flagge über der Almudaina, weilt der König auf der Insel.

Sa Portella – im ältesten Teil der Stadt

Obwohl sich im Kathedralbezirk Sa Portella die wichtigsten Sehenswürdigkeiten befinden, ist es in den Gassen hinter La Seu eher still. Von der Carrer Mirador mit seiner schönen Aussicht über die Bucht von Palma gelangt man über die Gassen Palau, Sant Pere in die Carrer Portella, wo das Museu de Mallorca zu Hause ist. Der große Stadtpalast des wichtigsten Museums der Insel entstand im 16. Jahrhundert durch die Zusammenlegung mehrerer kleiner Gebäude. Die Fundamente stammen noch von einem maurischen Vorgängerbau. Für den Besuch sollte man sich etwas Zeit nehmen. Die umfangreiche Sammlung beginnt mit Funden ab der Frühphase der Talaiot-Kultur. Eine Grabhöhle und ein *talaiot* wurden nachgebaut, original sind die verzierten Graburnen, die auf Son Oms gefunden wurden. Die Kopie eines punischen Schiffes, das vor Mallorca gesunken ist, und Funde von Ausgrabungsstätten der Insel belegen, dass schon in den Jahrhunderten vor Christus Handelsbeziehungen mit anderen Ländern bestanden. Über die Siedlungsphasen der Römer, Goten, Byzantiner, Araber erzählen Keramiken, Schmuck, Waffen und andere Objekte, ehe man die Gemäldesäle mit Werken des 15. bis 18. Jahrhunderts erreicht. Der jüngste Sammlungsbestand gilt dem Modernisme, dem spanischen Jugendstil, der durch Kunstwerke und Mobiliar repräsentiert wird.

Wellness im Mittelalter: die arabischen Bäder

Eine Ahnung der alten arabischen Kultur von Mallorca bekommt man in den Banys Àrab, den arabischen Bädern in der Carrer Can Serra. Auf

Links: Die arabischen Bäder entgingen der Zerstörung durch die Reconquista. – Rechts: Tapas y mas: In der »Taberna del Caracol« in Palmas Altstadt treffen sich Genießer.

zwölf Säulen spannt sich ein Gewölbe über den ehemaligen Heißraum, der wahrscheinlich noch von den Christen nach der Rückeroberung genutzt wurde. Die Kapitelle wurden aus früheren Bauten übernommen und stammen zum Teil aus der römischen Zeit.

Die Plaça Major ist der Mittelpunkt der sogenannten Oberstadt. Straßencafés und Restaurants haben sich in den Arkadenhäusern rund um den Platz angesiedelt. Natürlich ist der Platz der Treffpunkt zahlreicher Touristen, die von hier aus die Stadt erkunden wollen oder den mehrmals in der Woche stattfindenden Kunsthandwerkermarkt besuchen. Am Vormittag kann man an der nahe gelegenen Plaça Olivar den Mallorquinern beim Einkaufen in der großen Markthalle zuschauen. Täglich werden hier bis in die Mittagszeit Gemüse, Obst, Fleisch, vor allem aber frischer Fisch angeboten – einfach ein optischer Genuss. Wer später durch die ausgedehnte Fußgängerzone um die Straßen Jaume II. und Sant Miquel schlendert, wird so mancher Edelboutique – besonders in der kleinen, aber feinen Can Verí, in der auch die größte balearische Umweltschutzorganisation GOB ihre Büros hat – ins Schaufenster blicken.

Erst maurische Zitadelle, dann spanischer
Königspalast: der Palau Almudaina.

Links: Die Plaça Major in Palma – Rechts: Die Bomboneria »La Pajarita«

Vom Schweinehirten zum reichsten Mann Spaniens

Ein mit Palmen bestandener Treppen-
aufgang führt in der Carrer Sant
Miquel zum Palast der Fundación
March. Angeblich war der über-
dimensionierte Bau eine Reaktion des
ehemaligen Schweinehirten und bald
reichsten Mannes von Spanien, weil

ihn die Aristokraten Palmas nicht in ihre

Paläste einluden. Auf der Terrasse sind Skulpturen unter anderem von
Henry Moore, Eduardo Chillida und Auguste Rodin ausgestellt. Der
Palast beherbergt eine Sammlung illuminierter Handschriften, alte See-
karten des 14. und 15. Jahrhunderts und eine wunderschöne Weih-
nachtskrippe aus Neapel. Noch zu Lebzeiten hat der illustre
mallorquinische Schmugglerkönig und »letzte Pirat des Mittelmeeres«
die größte gemeinnützige Stiftung Spaniens, die Fundación Juan March,
ins Leben gerufen.

Wenn man von der Plaça Major die Treppen bis zu den Ramblas hinun-
tersteigt, gelangt man in die Unterstadt. Unter den Platanen der Rambla
dels Ducs de Palma de Mallorca, so der ausführliche Name, bieten Blu-
menverkäufer ihre blühenden Schönheiten an.

Unbedingt sollte man sich an der Plaça Weyler im einstigen Gran Hotel
einen Café gönnen. Das wunderschöne Art-déco-Gebäude wurde
zwischen 1901 und 1903 erbaut und gehört nach der aufwendigen
Restaurierung durch die katalanische Sparkasse La Caixa mittlerweile
zum Weltkulturerbe. In dem ehemaligen Hotel aus der Zeit um die Jahr-
hundertwende ist neben dem originellen Café-Restaurant mit den hohen
Fenstern auch die Fundació la Caixa untergebracht, ein interessantes
Kulturzentrum, in dem zwei Räume dem Maler Hermen Anglada
Camarasa gewidmet sind. Von ihm stammen die vielleicht schönsten
Gemälde Mallorcas aus dem frühen 20. Jahrhundert.

Direkt gegenüber kann man die Jugendstilfassade der uralten Konditorei
»Forn des Teatre« bewundern, die in fast jedem Reiseführer über Mallorca
abgebildet ist.

Die Fassaden zahlreicher Geschäftshäuser sind mit viel Liebe zum Detail und Schnörkeln im Art-decó-Stil gestaltet. Es gelingt ihnen, die Stimmung des *mil novecientos* gegen das neuzeitliche Angebot an Massenwaren in den Kleider- und Andenkenläden zu verteidigen.

Immer mehr auf Katalanisch

Wenn man die Carrer Unió entlanggeht, gerät man langsam in das verkehrsreiche moderne Palma und trifft auf einen Platz mit einem rätselhaft gestalteten Brunnen in der Mitte: Ein aus Stein gemeißelter Obelisk erdrückt vier ebenfalls steinerne Schildkröten. Die rigorose Katalanisierung und Umbenennung aller Straßen und Plätze hat auch nicht vor dem ehemaligen spanischen König Juan Carlos haltgemacht. Die Plaça Rei Joan Carles I. ist am Nachmittag ein beliebter Treff der Jugend. Besonders unter den Sonnenschirmen der Bar Bosch tummeln sich Jung und Alt. Von der Plaça Rei Joan Carles I. zweigt sowohl die exklusive Einkaufsstraße Jaume III. ab, in der sich Palma ein internationales Flair gibt, als auch der Passeig des Born, die zum Hafen führende Straße der Feste und Demonstrationen. Hier feiert Palma seinen Karneval, hier treiben erboste Bauern ihr Vieh gegen die Brüsseler Agrarpolitik auf die Straße.

Die Kunst des Joan Miró

Viele Sonnenurlauber statten Palma nur einen flüchtigen Besuch ab, der im schlimmsten Fall auch noch auf einen regnerischen Nachmittag fällt. Ihnen entgeht dabei jedoch eine ganze Menge, denn man braucht etwas Muße, um sich die Stadt zu erschließen. Wer sich gar mehr als einen Tag Zeit nehmen kann für Palma, sollte unbedingt das etwas außerhalb in Cala Major gelegene Miró-Museum besuchen. Gerade rechtzeitig zu seinem 100. Geburtstag konnte die Fundació Pilar i Joan Miró direkt neben

Links: 1956 wählte Joan Miró Mallorca als Wohnsitz. Die Villa des Malers ist heute ein Museum. – Rechts: Mirós Atelier in der Fundació Pilar i Joan Miró

dem ehemaligen Atelier ihre Pforten öffnen. Der 1983 verstorbene Maler gilt als einer der bedeutendsten Künstler des 20. Jahrhunderts und ist überall in Spanien präsent. Im Museumsbau von Rafael Moneo sind zahlreiche Holz- und Tonstücke, Muscheln, Steine und Wurzeln aus Mirós »Garten« zu sehen und lassen auf einen sinnlich-verspielten Mann voller Heiterkeit schließen. Miró hat sich selbst immer als Gärtner gesehen, der seine Formensprache der Natur entlehnt und zu einem Werk neu zusammensetzt.

Die in dem Museum im Wechsel ausgestellten Bilder gehören zumeist mit wenigen Ausnahmen zum Alterswerk des großen Meisters, das in der Kunstkritik durchaus noch umstritten ist. Miró lebte nach dem Ende des Spanischen Bürgerkriegs ab dem Jahr 1940 bis zu seinem Tod mit wenigen Unterbrechungen auf Mallorca. So scheint es nicht verwunderlich, dass in seinen auf ein Minimum an Bildelementen reduzierten Farbkompositionen zunehmend das mallorquinische Blau dominiert. Vielleicht ist die ungebrochene Popularität Mirós damit zu erklären, dass seine Bildersprache den Betrachter so leicht und heiter stimmt.

Oben: Das »Café Mundial« – Unten: Die Decke Sa Llotjas, der früheren Seehandelsbörse, ruht auf Säulen. – Rechts: Das älteste Café Palmas, die »Heladería y Chocolatería Ca'n Joan de S'aigo«

Lange Nächte im Viertel Sant Pere

Palmas Abende gehören dem Meer. Die Plaça Drassana verwandelt sich dann in einen der buntesten Plätze der Stadt. Sie ist der Ausgangspunkt für einen Abstecher in die Carrer Apuntadors mit ihren zahllosen Restaurants und Tapaskneipen. Die Esslokale am Passeig de Sagrera direkt am Meer in unmittelbarer Hafennähe sind teurer und vornehmer, etwa das für seine Fischgerichte bekannte Restaurant »Caballito del Mar« am Passeig Sagrera. Auch am Platz vor der alten Seehandelsbörse Llotja befinden sich nette Lokale wie die außergewöhnlich gute Tapasbar »La Boveda«. Die gotische Llotja mit den gewundenen Säulen im mehrgeschossigen Inneren verdient durchaus einen Besuch, wenn sie denn geöffnet ist. Der Prachtbau und das direkt danebenstehende Consolat del Mar, in dem früher die berühmte Mallorquiner Seefahrerschule und das Seehandelsgericht ihren Sitz hatten, spielen eine wichtige Rolle in der Geschichte Mallorcas. Sie erinnern an eine Zeit, als über 30 000 Mallorquiner Seeleute auf 400 Handelsschiffen ihre Heuer verdienten und sich nicht einmal Barcelona mit Palma messen konnte. Dank des hervorragenden Kartenmaterials der Kartografen aus der Seefahrerschule konnten Palmeser Segler in unbekannte Gewässer bis nach Westafrika vordringen. Doch die Blütezeit im 14. und 15. Jahrhundert, in denen auch die Stadtpaläste im Viertel La Portella hinter der Kathedrale gebaut wurden, hatte bald ein Ende. Die Entdeckung Amerikas im Jahr 1492 schob im Laufe der Zeit das Mittelmeer vom einstigen Umschlagszentrum der Welt ins maritime Abseits. Palma büßte seine Führungsrolle ein.

Heute drängelt sich an den heißen Wochenenden ab Mitternacht Palmas Jugend durch die Bars um die Plaça Llotja. Den Anwohnern ist es zu laut, denn vor fünf Uhr morgens kriegen sie kein Auge zu. Ein Menschenstrom zieht es spätabends zu »Tito's Palace«, einem schon seit vielen Jahren bekannten Club an der Plaça Gomila. Auf dem Weg dorthin,

immer an der breiten Uferpromenade entlang, kommt man am »Gran Café Cappuccino« vorbei, das bis um vier Uhr früh geöffnet hat. Schon Bill Clinton soll hier seinen Kaffee in mediterranen Nächten genossen haben. Der elegante, viel befahrene Passeig Marítim endet im 3,5 Kilometer entfernten Porto Pi – und auch dort ist die Kathedrale des Lichtes noch immer zu sehen.

Party an der Platja de Palma

Selbstverständlich gehört auch die Bucht von Palma bis S'Arenal zur Stadt. In der Vergnügungszone zwischen »Bierstraße« und »Schinkenstraße«, rund um die berüchtigten Riesenlokale »Bierkönig« und »Megapark«, lässt sich ebenfalls das Nachtleben erleben, allerdings mit einer kleinen Einschränkung: Die Inselregierung hat den Konsum von Sangria aus Plastikeimern untersagt. Die Eimer selbst kann man aber noch erwerben – als Mitbringsel für die Zuhausegebliebenen. Um sechs Uhr früh ist die *Ciutat* dann doch zur Ruhe gekommen. Ab und zu fährt ein einsames Taxi an der Uferpromenade entlang und bringt einen letzten Nachtschwärmer nach Hause. Nur in der Fischauktionshalle unten am Hafen herrscht bereits wieder emsiges Treiben. Berge von Krebsen, Garnelen, Meeresspinnen, Barschen, Sardinen und Doraden zappeln nebeneinander in blauen Plastikwannen. Nach erfolgreichem Feilschen verschwindet das Meeresgetier in den Kühlwagen der neuen Besitzer. Die Fischer genehmigen sich nach getanem Nachtfang ein erstes frühmorgendliches Bier. Ein neuer Tag bricht an.

Mit der Tren de Sóller ins Tal der Orangen

Die Bahnfahrt von Palma nach Sóller gehört zu den schönsten Touren im Inselinneren. Am Bahnhof in Palma neben der Plaça Espanya weist ein Schild darauf hin, dass die spätere Elektrifizierung der Strecke der

Links: Palmas Stadtstrand beschert reinstes Badevergnügen. – Rechts: Der Jugendstilbau Can Rei ist nur einer von vielen architektonischen Höhepunkten in Palma.

Firma Siemens zu verdanken sei. Gebaut wurde sie im Jahr 1912, um die Orangen aus der fruchtbaren Ebene von Sóller zum Markt nach Palma zu bringen.

Der Zug erinnert an die gute alte Zeit der Eisenbahn – das Innere der Waggons ist mit solider Eichenholzarbeit ausgestattet, nur die Sitze haben sich dem Fortschritt der 1950er-Jahre angepasst. Die Lampen bestehen aus blank geputztem Messing, und die Lampenfassungen sind immer noch die originalen aus Marmor.

Hat man die Arbeitervororte der 400 000-Einwohnerstadt erst einmal hinter sich gelassen, kommt man durch Täler mit Mandelbäumen. Das flache Land trägt große Plantagen auf fruchtbarer Erde, die in Jahrhunderten menschlicher Arbeit kultiviert worden sind. Hinter Bunyola wird die Landschaft schroffer, Felszacken ragen bizarr in den Himmel. Doch die Landschaft verliert nichts von ihrer Sanftheit, das Beschauliche dominiert über das Schroffe. Jedes der wenigen Gehöfte hat eine Palme als Wahrzeichen vor seinem Tor, die Terrassen mit den Baumkulturen sind von Steinmauern umgrenzt.

Oben: Neue Kräfte sammeln im Hort del Rei, dem Königsgarten beim Almudaina-Palast – Unten: Das »Grand Café« im Palau March – Rechts: Nostalgiebahn in Sóller

Auf den hohen Bergen wachsen Steineichen und Aleppokiefern fast bis zu den Gipfeln. Von diesem Mallorca sprach der katalanische Schriftsteller Santiago Rusiñol als der Insel des Friedens: Hier lässt es sich ausruhen und träumen, ohne zu schlafen.

Zum Fotostopp ins Gebirge

Die Bahn durchfährt quietschend und mit großem Geschaukel einen langen Tunnel. Manchmal kommt sie dabei so dicht an der Wand vorbei, dass man den Arm besser nicht auf die Fensterbank legt. Schroff, steil und kahl erheben sich jetzt die Berge. Die Sonne blendet. Noch ein kleiner Tunnel, und vor den Blicken der Reisenden liegt Sóller. In einem großen geschlossenen Talkessel und vollständig umgeben von gewaltigen Bergwänden weist nur ein grüner Ausgang auf das nahe Meer und zum Hafen Port de Sóller. Wer mit dem Touristenzug gekommen ist, der Palma um 10.40 Uhr verlässt, wird jetzt für sein Zuschlagticket belohnt. Auf der Passhöhe, direkt hinter dem letzten Tunnel, der die Serra de Alfabia durchschneidet, legt der Zug eine kurze Pause ein, die einen fantastischen Blick über den Talkessel und die wunderschöne Bucht von Sóller bietet.

Schon aus der Ferne leuchten die Orangenhaine. Der Zug fährt an kleinen, beschaulichen Hinterhöfen vorbei und eröffnet Einblicke in saubere, schattige Patios, wo aus Blecheimern bunte Ranken wachsen. Bald ist der Bahnhof, dessen Gebäude im 17. Jahrhundert erbaut wurde, erreicht. Zahlreiche Tagestouristen, die mit dem Zug in Sóller ankommen, sind nach diesem Erlebnis vom Bahnfahren derart begeistert, dass sie sich von der örtlichen nostalgischen Straßenbahn gleich weiter zum Meer gondeln lassen.

Das große Gebirge

Die Serra Tramuntana zieht sich die gesamte Nordwestküste von Andratx bis Pollença unmittelbar am Meer entlang. Felsen und Meer und eine vielfältige mediterrane Flora machen ihren einzigartigen Reiz aus. Das bis zu 1443 Meter hohe Gebirge ist das beste Wandergebiet der Insel. Der Fernwanderweg GR 221 erschließt die gesamte Gebirgsregion. Schon früh zog es Künstler aus aller Welt an die Costa Nord, die Nordküste Mallorcas. Georges Sand und Frédéric Chopin waren die Ersten. Sie verbrachten einen regenreichen Winter in der offen gelassenen Kartause von Valldemossa. Deià wurde Mitte des 20. Jahrhunderts zum Treffpunkt für Künstler und Prominente. Ein Stück weiter, im Tal von Sóller, bilden Oliven- und Orangenbäume und die romantische Ortschaft ein mediterranes Idyll vor majestätischen Bergen. Während es südwestlich von Sóller noch einige Siedlungen gibt, ist der nördliche Teil völlig unbesiedelt. Eine sich spektakulär an der Küste entlangschlängelnde Straße lässt mit ihren Ausblicken die Herzen der Reisenden höherschlagen. Die Entdeckung der Landschaft wird zu einem Traum.

Oben: Blühende Mandelbäume überall: Im Schutz der Serra herrscht ein mildes Klima. – Mitte: Die renovierten Natursteinhäuser hier stammen aus dem 17. und 18. Jahrhundert. – Unten: In Sóller wird die Gottesmutter mit einer traditionellen Feier geehrt.

Tramuntana

Das große Gebirge

In der Heimat vieler Künstler

Banyalbufar – Valldemossa – Deià – Sóller – Torrent de Pareis

Der Galatzó ist ein mächtiger Berg von mehr als 100 Meter Höhe. Seine Ausläufer reichen bis nahe an die Küste heran, an deren steilen Abstürzen sich die Straße von Andratx entlangschlängelt.

Kurz vor Estellencs kann man am Mirador de Ricardo Roca eine Zwischenrast einlegen und den Ausblick von den Ruinen eines alten Wachturms auf sich wirken lassen. Estellencs ist das ruhigste der Dörfer an der Westküste, gelegen in einem Tal mit Terrassengärten und Orangenplantagen.

Ein Linienbus am Tag hält die Verbindung mit Palma aufrecht. Einige Mietwagenfahrer halten an, um einen kleinen Rundgang durch die engen, schattigen Gassen zu unternehmen. Die kleinen, an den Berg geschachtelten Häuser sind leicht erkennbar an ihren schweren Eichen-

holztüren und den grünen und blauen Fensterläden. Über Nacht bleiben nur wenige Besucher in dem idyllischen Bergdorf, obwohl das »Petit Hotel Sa Plana« direkt am Ortseingang mit weitem Blick über die Terrassenkulturen und das offene Meer seinen Übernachtungsgästen einen ruhigen Aufenthalt in einer wunderschönen Gebirgsgegend ermöglicht. Ein schmaler, holpriger Weg führt zwischen Orangen- und Kirschbäumen hinunter in eine winzige Bucht. Hier flicken Fischer ihre Netze im Schatten der Bootsschuppen, während ein Dutzend Urlauber zwischen den Steinen die Sonne genießt. Es sind wohl die wenigen Bademöglichkeiten und der nur schmale Kiesstrand, die Estellencs so unbeschadet in die Mallorquiner Neuzeit des Massentourismus hinübergerettet haben. Die Felsen oberhalb des steinigen Strandes sind tief ausgehöhlt von den Unwettern im Herbst und Winter, wenn das aufgewühlte Meer gegen die Steilküste anstürmt. In ihrer Mitte findet ein kleiner Bach, nachdem er die mit Tomaten, Grüngemüse und Obstbäumen bestandenen Terras-

Links: Zwischen Januar und März gibt es auf Mallorca wunderschön anzusehende Blüten. – Rechts: Im Nordwesten ist Mallorca ganz alpin: Berglandschaft bei Fornalutx.

Oben: Wanderung durch die karge Serra de Tramuntana – Unten: In Banyalbufar, dem »kleinen Weingarten am Meer«, bauten schon die Mauren Wein an. – Rechts: Kiefernwald bei Banyalbufar

sengärten mit Wasser versorgt hat, seinen
Weg ins Meer.

Im Kino der Natur

Hinter dem Galatzó gibt die Küsten-
straße immer wieder berauschende Aus-
blicke in tiefe Schluchten und vom Land
aus unzugängliche Steilküstenabschnitte
frei. Erst allmählich werden die Bergrücken runder, wird die Landschaft
weiter und weicher. Die Straße muss sich den Durchgang durch das
Gebirge nicht mehr so hart erkämpfen, großzügiger geschwungene Serpentinen genügen, um voranzukommen.

Neun Kilometer beträgt die Entfernung zwischen Estellencs und Banyalbufar, aber bereits nach sechs Kilometern gerät der exponierte Wachturm Ses Animes ins Blickfeld. Der restaurierte *talaia* mit dem Namen
Ausblick der Seelen (Ses Animes), zu dem eine lange Treppe hinaufführt,
liegt 250 Meter über dem Meeresspiegel. Von hier aus kann man die
Küste in Richtung Süden bis zur Insel Dragonera und im Norden bis
zur durchlöcherten Felsenzunge Punta de Sa Foradada, dem vielleicht
bekanntesten Naturdenkmal Mallorcas, überblicken.

Die Terrassengärten von Banyalbufar

Unten am Meer liegt ganz nahe ein von Menschenhand gestaltetes Denkmal, das dank der stetigen Pflege seiner Besitzer und Pächter die Jahrhunderte überdauert hat. Den Schöpfern der Terrassengärten von
Banyalbufar gebührt Bewunderung. Ursprünglich haben die Mauren die
Terrassenanlagen und das ausgetüftelte Bewässerungssystem angelegt,
damit die Pflanzungen die langen, trockenen Sommermonate überleben
konnten. Die Araber haben das System der Leitungen und Gräben bis
zur Perfektion weiterentwickelt und den Weinbau zu höchster Blüte ge-
trieben. Hierauf weist auch der arabische Name *Buniola al bahar*, kleiner
Weingarten am Meer, hin. Vom Mirador de Ses Animes hinunter-
blickend empfindet man vor allem das Bestreben nach Harmonie, nach
einem Gleichklang von Natur und Menschenwerk. Wie viel Arbeit in
den Terrassen steckt, kann man erst ermessen, wenn man durch die

Anlagen der winzigen Gärten unterhalb des Dorfes zum Meer hinuntergeht. Abertausende von Natursteinen sind zu gleichmäßigen Mauern aufgeschichtet, die fruchtbare Erde tragen und das kostbare Wasser aufhalten, ehe es, erneut aufgefangen in einer Zisterne, über Leitungen und steinerne Rinnen am Rande der Mauern in den nächsten, tiefer gelegenen Garten fließt. Manch einer der jetzigen Besitzer hat allerdings auf die oberste Steinreihe eine weitere aus Hohlblocksteinen gesetzt oder gar Teile der Mauer selbst durch *bloques* ersetzt, um sich die mühevolle Reparaturarbeit nach einem stürmischen Winter zu ersparen. Doch die bisherigen Erfahrungen sprechen gegen diese Methode: Die *bloques* geben den Kräften der Natur viel schneller nach als die uralten Steinmauern.

Die Wiederentdeckung des Malvasiers

Lange wuchsen im kleinen Weingarten am Meer keine Trauben mehr. Erst hatte die aus Frankreich eingeschleppte Reblausplage im Jahr 1891 alle Weinkulturen an diesem Hang vernichtet, dann wurde die Nachfrage nach Weinen aus Mallorca immer geringer. Dabei hatte es vor allem der Malvasier aus Banyalbufar und dem Nachbarort Estellencs seit dem 16. Jahrhundert zu einiger Berühmtheit gebracht. Mit der Renaissance des Weinbaus auf der Insel ab den 1990er-Jahren, der die lange Zeit unterschätzten Möglichkeiten Mallorcas für Qualitäts- und Spitzenweine korrigierte, erinnerte man sich auch wieder an die ruhmreiche Vergangenheit des Malvasiers.

Wie der Wein schmeckte, darüber geben historische Dokumente Auskunft, die man in einem Weinkeller in Banyalbufar gefunden hat. Der Malvasier wurde als trockener Jahrgangswein genossen, man ließ ihn im Fass reifen oder ergänzte das Lesegut mit Muskatellertrauben. Im Jahr 2000 hat ein Professor von der Balearenuniversität aus einer der letzten

Links: Balkone wie im Märchen überblicken die Gassen von Estellencs. –
Rechts: Schönheit im Nebel – ein magischer Moment in Valldemossa

erhaltenen Reben einen virusfreien Sprössling gezüchtet und damit die Basis für den neuen, alten Malvasier gelegt. Wer den wiedererweckten Wein probieren möchte, klopft am besten bei der Kooperative Malvasia de Banyalbufar und den Bodegas Son Vives, Ca n Pico und Tomeu Isern an.

»Ich lebe im Paradies, ich bin ein besserer Mensch.«

Am Anfang war George Sand: »Ich habe nie etwas Reizenderes und gleichzeitig Melancholischeres gesehen als diese Landschaft, wo Steineiche und Johannisbrotbaum, Pinie und Olivenbaum, Pappel und Zypresse die verschiedenen Farbtöne ihrer Blätter in tiefen Lauben vermischen, wahre Abgründe von Grün, und wo der Bach unter üppigem Buschwerk von unvergleichlicher Anmut hinabeilt.« So beschreibt die Schriftstellerin ihre kurzfristige Heimat, der Valldemossa seinen Bekanntheitsgrad zu verdanken hat und den unbestrittenen Ruf, das meistbesuchte Dorf Spaniens zu sein. Ungewöhnliches war man von der zu Lebzeiten viel gelesenen Dichterin bereits gewohnt. Im November 1838

Oben: Höher als Valldemossa auf 420 Metern liegt in Mallorca kein anderer Ort. – Unten: Das meistbesuchte Dorf Spaniens hat sich seine Idylle bewahrt. – Rechts: Die »Bar Es Firo« in Sóller

lief sie mit ihrem Liebhaber Chopin und ihren Kindern als erste Touristin in der Bucht von Palma de Mallorca ein. Der Aufenthalt auf der Insel sollte jedoch zu einem der traurigsten Kapitel ihres bewegten Lebens werden. Die extravagante Baronin und der schon zu jener Zeit kränkelnde Genius finden sich in der bäuerlichen Inselwelt nicht zurecht. Dabei hatte die Reise nach Mallorca, die als Kuraufenthalt dem polnischen Komponisten anempfohlen war, recht vielversprechend begonnen. Geradezu enthusiastisch berichtete Chopin in ersten Briefen nach Paris: »Ich wandle in Palma unter Palmen zwischen Zedern, Aloen, Orangen-, Zitronen-, Feigen- und Granatbäumen. Der Himmel ist türkisfarben, das Meer schimmert wie Lapislazuli, die Berge wie Smaragde. Und die Luft ist genau wie der Himmel. Nachts hört man von überallher Gesang und Gitarrenspiel. Jetzt, lieber Freund, genieße ich das Leben etwas mehr. Ich lebe im Paradies auf Erden, ich bin ein besserer Mensch.«

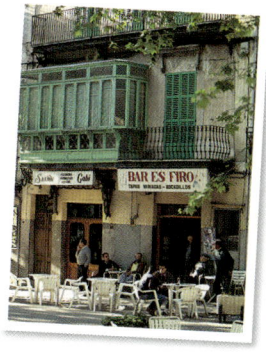

Sand und Chopin auf Mallorca

Doch bald begannen die Winterstürme mit ungewöhnlich heftigen Regengüssen. Die Urlauber hockten den ganzen Tag fröstelnd und hustend vor qualmenden *braseros*, den üblichen Holzkohlebecken, die in Ermangelung eines Kamins Wärme verbreiten sollten. Für Chopin, der schon mit Verdacht auf Tuberkulose auf die Insel mit dem milden Klima angereist war, erwiesen sie sich als katastrophal. Er litt an besorgniserregenden Hustenanfällen, und sein Zustand verschlimmerte sich so sehr, dass die zu Rate gezogenen Ärzte düstere Prognosen abgaben: »Die bekanntesten Doktoren der Insel hatten sich zu einem Konsilium zusammengesetzt. Der erste behauptete, ich hätte nicht mehr lang zu leben, der zweite, ich läge bereits im Sterben; der dritte, ich wäre schon tot.« Hier irrten die medizinischen Kapazitäten. Chopin lebte noch zehn Jahre lang, bevor er 1849 an Lungentuberkulose starb. Von Palma zog das Paar bald etwa 20 Kilometer weiter an die Westküste nach Valldemossa.

Anfangs fand die fortschrittliche Schriftstellerin durchaus Gefallen am bäuerlich-rustikalen Ambiente, sie lobte die Bevölkerung als »unverdor-

bene Naturmenschen und Musterbeispiele gesunder Einfachheit und seelischer Reinheit«. Im Zuge ernüchternder Erfahrungen mit den Naturmenschen im Alltag ließ sich dieses Urteil nicht lange aufrechterhalten. Stattdessen charakterisierte George Sand den mallorquinischen Bauern später so: »Er spricht seine Gebete, er ist abergläubisch wie ein Wilder, aber er würde seinen Mitmenschen bedenkenlos auffressen, wäre es des Landes so der Brauch, und gäbe es nicht Schweine in Mengen. Er betrügt, prellt, lügt, beschimpft und plündert ohne auch nur die mindesten Gewissensbisse. Ein Fremder ist für ihn kein Mensch.«

Hohe Kunst und schwieriger Alltag

Allerdings ließen die Literatin und ihre Gefolgschaft selbst jede Rücksichtnahme auf Sitten und Gebräuche des Gastlandes vermissen. Sie nörgelte lautstark über mallorquinisches Essen und Hauseinrichtungen, spottete über die ineffektive Arbeitsweise der Bauern ebenso wie über den starren Lebensstil der Vornehmen. »Den Hausherrn trifft man stehend an; in tiefem Schweigen raucht er seine Zigarre. Die Dame des Hauses sitzt in einem breiten Armstuhl, spielt mit dem Fächer und denkt an nichts. Die 20 oder 30 Dienstboten halten Siesta, während ein altes, struppiges Mädchen den Besucher einlässt, nachdem er zum fünften Mal geschellt hat.« Dass die Siesta auf Mallorca seit Jahr und Tag zum alltäglichen und unangetasteten Brauch gehörte – darüber schien sich die sonst so sensibel wahrnehmende Schriftstellerin keine Gedanken gemacht zu haben.

Im Kloster von Valldemossa, wo der Gesang der frommen Kartäusermönche noch in den Wandelgängen nachzuhallen scheint, fanden Sand und Chopin ihre zweite Unterkunft. Chopin verbrachte die meiste Zeit in den angemieteten Klosterzellen am mitgebrachten Klavier und komponierte eifrig Präludien – unter anderem das Regentropfenpräludium.

Links: Trotz der Touristen bleibt in Valldemossa noch Zeit für andächtige Momente. – Rechts: Im Winter 1838 wohnten George Sand und Frédéric Chopin in Valldemossa.

Von »Stunden keuscher Leidenschaft und süßer Poesie«, die George Sand dem reservierten, zögerlichen Chopin vor Beginn ihrer Beziehung angetragen hatte, blieb auf Mallorca leider nur die Keuschheit übrig. Die Liebesaffäre endete in Krankenpflege.

Die Kartause von Valldemossa

Für einen Besuch des Klosters wählt man am besten die frühen Morgenstunden. Als Erstes durchquert man lange Gänge, sieht die umfangreiche Bibliothek des Klosters mit der damaligen Weltliteratur und bestaunt eine der ältesten Druckereien Spaniens, die von der Mallorquiner Familie Guasp nur wenige Jahre nach Gutenbergs Erfindung gegründet wurde. Auch die gut erhaltene Apotheke, die Zelle des Abtes, den schönen Garten – jede Zelle hat ein Stück Garten für sich – sind einen Besuch wert. Plötzlich steht der Besucher dann doch vor den Celdas 2 und 4, in denen das skandalumwitterte Liebespaar Frédéric Chopin und George Sand den verregneten Winter des Jahres 1838/39 verbracht haben soll. Unter einer gläsernen Tischplatte befinden sich zahlreiche Fotos und Briefe aus

jener Zeit. In einer Ecke steht das Klavier, auf dem Chopin gespielt hat. Weit mehr als eine halbe Million Besucher pro Jahr will die beiden Zellen sehen, obwohl nicht einmal erwiesen ist, ob das unverheiratete, im Dorf missliebige Paar überhaupt in ebenjenen Zellen gelebt hat.

Das Kartäuserkloster war drei Jahre vor Ankunft der ausländischen Wintergäste im Jahre 1835 säkularisiert worden, nachdem die spanische Regierung unter der liberalen Herrschaft von Isabel II. alle Mönchsorden aufgehoben hatte. Vergeblich setzte sich die fromme Mallorquiner Bevölkerung zur Wehr. Für 40 000 Reales wurden Mobilien und Immobilien der Cartuja de Jesus Nazareno in Valldemossa verkauft und die Celdas in Wohnungen umgewandelt. Deren Besitzer wechselten dann allerdings in den späteren Jahren so häufig, dass sich die Spuren der Bewohner verwischen.

Die Reisebibliothek des Ludwig Salvator

Auch die Anhänger des österreichischen Erzherzogs Ludwig Salvator werden im Kloster fündig. Neben den aufwendig gebundenen Werken, von

denen allein die neun dicken Balearenbände eine große Glasvitrine füllen, bekommt man auch seine Reiseliteratur zu
Gesicht, in der der Habsburger Außensei-
ter von seinen Erlebnissen und Träumen
erzählt. Viele Bücher des Erzherzogs
waren nicht für den Verkauf bestimmt,
so zum Beispiel sein wissenschaftliches

Hauptwerk, die viel gerühmten Balearenbände. Vielmehr beschenkte der
auf Dauer vom Staatsdienst beurlaubte Aussteiger und Weltreisende
wider Willen seine zu Hause gebliebenen Freunde und seine kaiserlich-
königliche Verwandtschaft mit immer neuen Wälzern über Länder und
Inseln. »Catalina Homar« heißt ein schmaler Band in katalanischer Sprache, den Ludwig Salvator zu Ehren seiner Geliebten aus Valldemossa
nach deren schrecklichem Lepratod geschrieben hat. Für Exemplare aus
dem fast hundert Bände umfassenden Gesamtwerk Ludwig Salvators
werden heute in Antiquariaten Spitzenpreise bezahlt. Schon deshalb
bleibt alles verschlossen unter Glas.

Wenn man aus der Kartause wieder hinaus auf den Klosterhof tritt, lässt
sich in der Abenddämmerung die salzig-feuchte Meeresluft schmecken,
die der leichte Wind in den Klostergarten bringt: Von hier aus erfasst
man die Bucht von Palma mit einem Blick, im Tal liegen die Felder und
Gärten ruhig und beschaulich.

Catalina Tomás, Gottes wahre Dienerin

Es scheint ein Paradox zu sein: Die Inhaber der zahlreichen Valldemosser
Kioske, Andenkenläden und Straßencafés rund um die kleine Plaça und
auf dem Weg zur Kartause sowie die privaten Besitzer der Klosterzellen
verdanken den reichen Geldsegen dem Ansturm derjenigen, die auf den
Spuren der Schriftstellerin George Sand und des Komponisten Frédéric
Chopin wandeln, obwohl die beiden nur zwei Monate in dem Ort
verweilten.

Links: In der Bibliothek des Klosters schmökerte schon Erzherzog Ludwig Salvator. –
Rechts: Erst Königsresidenz, dann Kloster: der Palacio del Rey Sancho in Valldemossa

Dabei hätte doch eine andere Frau aus Valldemossa sehr viel eher die Verehrung aller verdient. Catalina Tomás ist die einzige Heilige, die die balearischen Inseln bis zum heutigen Tag hervorgebracht haben. »Heilige Catalina, hilf uns, heilige Catalina, bete für uns«, steht unter Votivbildern auf ungezählten bunten Kacheln, die jedes Haus in den engen Gassen des Dorfes unterhalb der Kartause zieren. Nur wenige Besucher kommen bis in die mit Blumen geschmückte Gasse (die Carrer Rectoria 5) im unteren Teil des Dorfes, in der das Geburtshaus der späteren Heiligen direkt neben einer kleinen Kirche steht.

Catalina Tomás erblickte am 1. Mai 1531 das Licht der Welt, just zu einer Zeit, als ein blutiger Bauernaufstand den mallorquinischen Feudaladel zum ersten Mal ernsthaft bedrohte. Im jugendlichen Alter von 19 Jahren verdingte sie sich als Magd auf dem ehemaligen Maurengut Raxa, wo sie sich aus Steinen einen kleinen Feldaltar errichtete. Sie hatte Visionen, und als sie bald auch noch anfing, Wunder zu vollbringen, fand sie bald unter den Bergbauern treue Anhänger.

Die einzige Heilige der Balearen

Die Kunde ihrer Frömmigkeit drang bald nach Palma. Eine reiche Aristokratenfamilie nahm sie in ihre Dienste und vermittelte sie später in ein Kloster weiter. Dort verbrachte sie den Rest ihres Lebens als einfache Nonne, obwohl man ihr mehrfach den Posten der Oberin antrug. Ihre Ablehnung begründete sie jedes Mal damit, eine Magd solle dienen und nicht Äbtissin sein, dieses Amt sei den Töchtern der besseren Familien vorbehalten. Bei diesem Leben so recht nach dem Geschmack des Klerus ist es verständlich, warum die bescheidene Dienerin Gottes im Jahr 1792 von der katholischen Kirche unter Papst Pius VI. selig- und 1930 durch Papst Pius XI. heiliggesprochen wurde. Auf diese höchste päpstliche Auszeichnung müssen selbst männliche Kirchendiener jahrhundertelang warten.

Der Leichnam der hl. Catalina wurde im Jahre 1574 in einem gläsernen Sarg in der Kirche Santa Magdalena zu Palma aufgebahrt. Alle drei Jahre zieht am letzten Sonntag im Juli ihr zu Ehren und Gedenken ein *carro*

Links: Auf Son Marroig – Rechts: Ludwig Salvator inszenierte den bekanntesten Mallorca-Blick.

triumfal durch Valldemossa. Dabei ist das Fest besonders für die Mallorquiner Mädchen ein ganz besonderer Tag, da eine von ihnen als Santa
Catalina den Zug anführt. Ein Bildnis der einzigen Heiligen von Mallorca hängt in der Kirche zu Peguera, einem Touristenort zwischen Palma
und Andratx.

Von Valldemossa nach Deià

Noch immer kann man in Valldemossa den Duft des ungesalzenen Mallorquiner Bauernbrots wahrnehmen, der hinter den Fliegenvorhängen
die engen Gassen mit ihren steinernen Treppen hinaufzieht, vorbei an
den alten Häusern, die mit Vogelkäfigen und Blumen in tönernen
Töpfen geschmückt sind.

Die Straße von Valldemossa nach Deià führt mitten durch das Land Ludwig Salvators. In die Farben Habsburgs wollte der Kaiserneffe die wilde
Nordwestküste Mallorcas tauchen. Der ins Meer verliebte Österreicher
hatte um das Jahr 1870 das gesamte Land zwischen Deià und Valldemossa aufkaufen lassen, was allerhand Verwirrung unter der Bergbevöl-

kerung schuf. Diese hielt den anfänglich noch unter
dem Pseudonym eines Grafen von Neuendorf auf-
tretenden Erzherzogs schlichtweg für einen reichen
Irren, der sein Geld für Felsen aus dem Fenster
warf. So wird von einem Mallorquiner Bauern be-
richtet, der sein Feld für einen Tag verließ, um
jenen Menschen zu Gesicht zu bekommen, der
einen Steinacker wie Són Marroig so teuer bezahlt
habe. In Són Marroig und seiner Umgebung hat
Ludwig Salvator in seinem rastlosen Leben, das

ihn immer wieder um die Welt trieb, den ruhenden Pol gefunden –
Gebirge und Meer, Ruhe und Wildheit. Das ehemalige Herrschaftshaus
Són Marroig ist im Jahr 1929 zum Museum umgebaut worden. Im Inneren des massiven Baus, mehr Trutzburg denn Lustschloss, sind Origi-
nalmanuskripte, Fotos, Landkarten mit den zahllosen Reisezielen,
Zeitungsartikeln, Orden und Medaillen in Vitrinen um eine Büste des
Erzherzogs geschichtet. Atemberaubend ist der Blick durch die Scheiben
der hohen Flügeltüren hinunter aufs Meer auf jene Stelle, an der Kaiserin
Sissi mit ihrem Lieblingsreh Artemis der kaiserlichen Jacht entstiegen
sein soll. Um den Blick auf die Sa Foradada noch besser genießen zu
können, ließ sich der Erzherzog einen eleganten Marmorpavillon aus
Italien kommen und am Rande seines Gartens aufstellen, hinter dem der
Fels zum Meer hinabstürzt. Ludwig Salvator hatte zweifellos Sinn für die
Inszenierung von Naturgenuss.

Dramatische Felskulisse

Man braucht nicht viel mehr als eine halbe Stunde, um vom Museum
Són Marroig zur felsigen Halbinsel Sa Foradada hinabzusteigen. In Serpentinen führt der Weg durch einen Pinienwald an überhängenden Felsformationen vorbei. Gefallene Steine versperren den Weg.
Die Sa Foradada liegt, von einem weißen Kranz umgeben, im schwarz-
blauen Meer. Es scheint, als ob die Wellen mit unendlich vielen schnee-

Links: In der Künstlerkolonie Llucalcari wohnte für kurze Zeit auch Picasso. –
Rechts: Friedvolle Badetage in schöner Abgeschiedenheit auf den Felsen der Nordküste

weißen Zungen die Felsen ableckten. Nach Westen lässt sich von hier die Steilküste bis weit hinter Banyalbufar einsehen, nach Osten kommen Deià, Sóller und die beiden Radarschirme auf dem höchsten Punkt der Insel, dem Puig Major, in den Blick. Direkt oberhalb von Són Marroig befindet sich Miramar, der eigentliche Hauptwohnsitz des Erzherzogs, der von den Erben als Jagdhaus genutzt wird und nicht zugänglich ist. Dahinter erhebt sich das glatte, senkrecht abfallende Felsmassiv, an dessen Oberkante der berühmte Reitweg Salvators, der Camí de L'Arxiduc, entlangführt. Von ihm aus kann man ohne große Mühe auf den Teix (1064 m) links vom Felsmassiv steigen.

Das Dorf der Künstler

Von Són Marroig sind es etwa zwei Kilometer bis zu einem Dorf auf einem ungefähr 200 Meter hohen Hügel, umgeben von wesentlich höheren Bergen, dem sich die Straße in einem weiten Bogen nähert. Es ist der kleine Ort Deià, bekannt als Künstlerkolonie, Prominentennest und Zufluchtsort für Aussteiger. Die Mallorquiner sind hier mittlerweile in der Minderheit. Die Preise für Unterkunft und Verpflegung sind mit dem Bekanntheitsgrad des Künstlerdorfes nach und nach gestiegen. In Deià gibt es beinahe schon zu viele Künstler. Nicht alle wurden in diesem herrlich gelegenen Ort mit seinen uralten Bauernhäusern gleichermaßen von der Muse geküsst; wovon man sich schnell überzeugen kann, wenn man einige der Exponate in der Galería Deià betrachtet.

Lässt sich das Paradies aushalten?

Der englische Schriftsteller Robert Graves war der erste Künstler, der sich hier niederließ und mit kurzen Unterbrechungen bis zu seinem Tod im Jahr 1985 blieb. Das Haus, das er sich 1932 bauen ließ, ist heute ein Museum. Es steht am Ortsausgang in Richtung Sóller. Seine Lage hat

Links: Die Sa Foradada liegt, von einem weißen Kranz umgeben, im Meer. – Rechts: Klein, aber fein: einer der Strände von Deià, Wohnort vieler Künstler

ihm auch den Namen gegeben, Ca N Alluny heißt in etwa »das abgelegene Haus«. Graves kam mit der Dichterkollegin Laura Riding auf die Insel. Es war, wie er später schrieb, vor allem eine Flucht vor familiären Problemen. Der Hinweis, es mit der Mittelmeerinsel zu probieren, kam übrigens von Gertrude Stein, die er in Paris getroffen hatte. »Mallorca ist ein Paradies, wenn du das aushalten kannst«, soll sie dem jungen Engländer gesagt haben. Graves konnte das Paradies gut aushalten. Bis auf die Zeit während des Spanischen Bürgerkriegs und der Frühphase der Franco-Diktatur lebte er am Dorfrand mit Blick auf die Olivenhaine und das Meer, das tief unten in eine kleine Felsenbucht schwappt.

Und Graves war nicht der Einzige, dem es in Deià gefiel. Harry Graf Keßler, der rote Baron, legte in Deià mit Albert Vigoleis Thelen einen Zwischenstopp auf der Flucht vor den Nazis ein, lange bevor die Künstlerkolonie entstand (hierzu erschien der memoirenhafte Bericht »Die Insel des zweiten Gesichts«, 1953). Die Gründe für die Wahl liegen nah: Deià, so malerisch zwischen Steilküste und hohen Bergrücken gelegen, mit seinen engen Gässchen und den perfekt restaurierten alten Häusern

Wer die Schlucht durchquert hat, wird fürstlich belohnt: Die Bucht Sa Calobra mit ihrem glasklaren Wasser lädt zum Baden ein.

Oben: Die hohen Berge der Serra trennen das Tal von Sóller vom Rest der Insel. – Unten: Eine nostalgische Straßenbahn fährt nach Port de Sóller. – Rechts: Villa in einem üppigen Garten

mit den farbenprächtigen Blumenkästen in den Fensterbänken, ist ausnahmslos ein wunderschöner Ort. Deià hat eine der angenehmsten Badebuchten auf Mallorca, obwohl es am Ufer keinen Sand gibt, sondern erst im Meer. Deiàs Bucht gehört zu den wenigen ortsnahen Calas, wo die Piraten wegen der Enge nicht an Land gehen konnten. Ein schmaler Saumpfad führt durch Gärten an einem Bach entlang hinunter zu dem pittoresken Hafen in der Bucht mit dem glasklaren Wasser. Am Kieselstrand liegen ein paar Sonnenhungrige, nahe

der kleinen Bar im Fels. Weiter hinten um die Ecke bei den im Fels verschwindenden Bootsschuppen, zu denen gemauerte Stege und Leitern führen, tummeln sich die Nacktbader.

Allein zum Baden und Wandern ist Deià eine Reise wert. Wer gerne taucht, findet in der Cala Deià ebenfalls ideale Bedingungen vor. Man kann schnell aus der kleinen Bucht hinausschwimmen und wird von der mit Höhlen durchsetzten Steilküste begeistert sein. Nirgendwo an der gesamten Nordwestküste erreicht man so leicht – und vor allem ohne Boot – ein interessantes Tauchrevier.

Auch in Llucalcari, einem winzigen Dorf sechs Kilometer von Deià entfernt, haben sich einige Künstler in schönster Gegend eingenistet. Von neugierigen Tagestouristen noch gänzlich verschont, finden hier viel beschäftigte lateinamerikanische Schriftsteller wie Carlos Fuentes und Mario Vargas Llosa zeitweilig die Ruhe und Inspiration für ein neues Werk. Dem Wanderer sind Berg und Tal geöffnet.

Der Weitwanderweg GR221, der längs der Serra Tramuntana verläuft und Port d'Andratx mit Pollença verbindet, kann hier auf einem besonders schönen Abschnitt begangen werden. Er führt an den Klippen der Steilküste entlang in die Bucht von Sóller.

Eine Welt für sich

Sóller ist ein einnehmender und immer noch vergleichsweise ruhiger Ort. Zu Maurenzeiten hieß die Siedlung Sulliar, und tatsächlich erinnert die Form der kreisrunden Bucht an eine Muschel. Die Fruchtbarkeit des Tals

und der leicht zugängliche Hafen machten Sóller schon früh zum wirtschaftlichen Zentrum der Nordwestküste. Lange Zeit spielte die Seidenraupenzucht eine wichtige Rolle im ökonomischen Leben der Stadt, später brachte der Anbau von Zitrusfrüchten in der Huerta de Sóller der Stadt Wohlstand. Seine von Palma isolierte Lage zwang die Einwohner zu früheren Zeiten, ihre Handelspartner jenseits des Meeres zu suchen. Die Orangen wurden nach Frankreich exportiert, im Gegenzug kamen die ersten Touristen aus Frankreich auf die Insel nach Sóller. Man sieht der Stadt ihr günstiges Handelsgeschick noch an. Alte Patrizierhäuser mit kleinen schmiedeeisernen Balkonen und blumengeschmückten Patios vermitteln ein Bild von Reichtum und Behaglichkeit. Beim Flanieren durch die Straßen vermeint man bei den Sólleros ein französisches Savoir-vivre wahrzunehmen.

Einmal im Jahr kommt Bewegung in die Stadt. In der zweiten Maiwoche wird alljährlich der mutige und erfolgreiche Abwehrkampf gegen den türkischen Piraten Occhalis nachgespielt, der Sóller am 11. Mai 1561 mit 2000 Freibeutern angriff. Besonders die Frauen sollen sich seinerzeit durch allerlei Heldentaten mit Balken, Hackebeilen und Küchenmessern gewehrt haben, bis endlich Hilfe aus Palma kam.

Seit ewigen Zeiten liegt Sóller mit seiner Festwoche Moros y Cristianos im friedlichen Wettstreit mit Pollença um das spektakulärste Fest auf Mallorca. Der Kleinstadt im Norden gelang nämlich einstmals ein ähnliches Kunststück, das der kollektiven Erinnerung wert ist. Es wird mit einem Schaukampf am 2. August eines jeden Jahres gefeiert.

Wenn man im Schatten der Platanen am im Jugendstil umgebauten Bahnhof einen Kaffee trinkt, bevor man durch die Altstadtstraßen flaniert, fühlt man sich auch heute in die Anfangszeit des vergangenen Jahrhunderts versetzt. Damals wurde mit der Eröffnung der Eisenbahnlinie das von hohen Bergen eingeschlossene Sóller mit Palma verbunden.

Links: Nach der Ausfahrt ist vor der Ausfahrt für die Fischer von Sóller, die ihre Siesta genießen. – Rechts: Ein Hafen wie aus dem Bilderbuch: Abendanbruch in Port de Sóller

Ein Jahr vor Eröffnung der Bahnlinie, im Jahr 1911, wurde der Stadtpalast Can Prunera in der Carrer Lluna 90 fertiggestellt. Als Jugendstilmuseum ist es heute das Kulturhighlight der Stadt. Neben Reliefs mit mehrfarbigen Fresken, kunstvollen Verglasungen und originalem Mobiliar besitzt das Museum eine ansehnliche Kunstsammlung mit Werken von Edvard Munch, Egon Schiele und René Magritte. Bei einem Spaziergang durch den alten Stadtkern findet man noch weitere Beispiele des Jugendstils, der in Spanien Modernisme genannt wird.

Von der Plaça Constitució fährt täglich mehrmals der Nostalgiezug in Richtung Palma ab. 85 Jahre nach der Einweihung der Schmalspurbahn hat sich mit dem von Umweltschützern kritisierten und von Geschäftsleuten vehement geforderten mautpflichtigen Tunnel die Fahrzeit von Palma auf eine halbe Stunde reduziert.

Mit der altertümlichen Straßenbahn zum Hafen

Von Sóller-Stadt schaukelt gemütlich die Straßenbahn nach Port de Sóller, der einzigen größeren Bucht an der Nordwestküste – mehrere

Hotels, Restaurants, Fischerei- und Sporthafen sowie ein Sandstrand sind zu sehen. Ein festungsähnlicher Bau der Guardia Civil bewacht den einzigartigen Naturhafen. Rechter Hand der schönen Bucht lockt eine Straße mit Cafés, Restaurants und Hotels, die sich noch etwas vom Charme der Anfangszeit des Tourismus bewahrt hat. Links liegt der schmale Strand, an dem die Straßenbahn direkt entlangfährt. In Port de Sóller begann vor vielen Jahren der organisierte Tourismus auf Mallorca. Viele Jahre war Port de Sóller als preiswertes Badeurlaubsziel in den Katalogen der deutschen Reiseveranstalter zu finden. Das hat sich geändert. Sóller und Port de Sóller sind angesagt. Einer der Gründe liegt darin, dass es wohl keinen besseren Ort für Wanderungen und Bergtouren gibt. Das malerische Sóller und die Bademöglichkeiten sprechen für sich.

Vor allem im Frühjahr sieht man zahlreiche (meist deutsche) Wanderer auf individuell geplanten oder geführten Touren durch die Bergwelt stapfen. Der höchste Berg Mallorcas, der Puig Major, erhebt sich mit gewaltigen 1443 Metern östlich von Sóller. Das Kloster Lluc, Ausgangspunkt vieler Bergtouren auf Mallorca mitten im unbewohnten nördlichen Teil

der Serra Tramuntana, ist am besten über die Landstraße 710 zu erreichen.

Das Monasteri de Lluc ist Mallorcas bedeutendster Wallfahrtsort, ein spirituelles Zentrum in schöner Lage. Picknick und Pilgerschaft sind hier keine Gegensätze. Der Gesang des Knabenchors Els Blauets und der Schutz von La Moreneta, der schwarzen Madonna von Lluc, sind für viele Insulaner Grundfesten der mallorquinischen Identität.

In der spektakulärsten Schlucht der Insel

Fünf Kilometer vor dem Kloster Lluc, gleich gegenüber dem Ausflugslokal »Escorca«, wo sonntags Mallorquiner Familien an langen Tischen ihr Mittagsmahl einnehmen, befindet sich der Einstieg zu der abenteuerlichen Tour durch den spektakulären Cañon Torrent de Pareis. Die Wanderung beginnt nur wenige Meter von der unscheinbaren Kapelle Sant Pere entfernt, der 1247 erbauten und angeblich ältesten Kirche auf Mallorca. Ein neues Schild mit der Aufschrift »Achtung Lebensgefahr« weist den Weg, aber vor allem auf die drohenden Gefahren hin (bei Wetterumschwung und damit einhergehenden plötzlichen Regenfällen). Es bleibt zu empfehlen, ausschließlich mit erfahrenen Führern in die Schlucht zu steigen. Man sollte die Tour nur bei gutem Wetter zwischen Ostern und Herbst unternehmen. In der Regel ist der Cañon dann bis auf zwei, drei wassergefüllte Becken ganz am Schluss vollständig trocken. Leider kommt es dennoch immer wieder zu tödlichen Unfällen aus Fahrlässigkeit, Selbstüberschätzung und Leichtsinn.

Ein schmaler Pfad führt zunächst durch einen Steineichenwald bis zu einem Hochplateau. Hier heißt es aufgepasst: Links von einem sehr markanten, natürlichen Felsbogen schlängelt sich der schmale Weg durch

Links: Das in den Bergen liegende Kloster Lluc bildet das religiöse Zentrum der Insel. – Rechts: Finca-Romantik am Pilgerweg durch das Tal Torrent d'es Barranc nach Lluc

Dissgras, Geröll und Steine in weiten Serpentinen nach unten. Nach einem einstündigen, zum Ende hin etwas mühseligen Abstieg kommen wir unten am Flussbett an und stehen vor dem Eingang zur Schlucht. Uns immer am linken Rand haltend, erreichen wir nach weiteren 20 Minuten Entreforc direkt vor einer abgeschliffenen 400 Meter hohen senkrechten Felswand. »Zwischen den Felsen« nennt sich der beeindruckende Platz, an dem die Seitenschlucht Sa Fosca mit ihren bizarren Felsformationen auf den Hauptcañon trifft. Bei Regenfällen kann der Torrent de Pareis innerhalb einer Stunde zur tödlichen Falle werden, wenn das Wasser in Sturzbächen die fast vegetationslosen Berge hinunterströmt und in der Schlucht zu einem reißenden Fluss wird.

Hier müssen wir uns den Weg durch das felsenübersäte Flussbett selbst suchen. Links, rechts oder durch die Mitte – diese Frage stellt sich nun vor jeder Felsbarriere. Es gibt keinen Pfad mehr, aber immer einen optimalen Durchstieg. Man findet ihn, wenn man sich an den von Vorgängern aufgeschichteten Steinmännchen und bisweilen an Farbmarkierungen orientiert. Wir klettern und rutschen nach unten. Hinter der gigantischen Höhle Cova de Romagueral verengt sich die Schlucht. Die Landschaft sieht aus, als ob ein Riese wahllos Steinblöcke in den Torrent geworfen hätte, um den Weiterweg zu verbarrikadieren. Unsere klettertechnischen Probleme nehmen zu. Leider gewähren nur die Reste von Halteseilen und einige zurückgelassene Stahlösen künstliche Hilfe. Nach vier Stunden erreichen wir hinter einem großen Steinquader eine Quelle vor einem gefüllten Becken. Eine letzte Felsbarriere mit dahinterliegenden Wassertümpeln blockiert den weiteren Vormarsch. Nachdem sie umgangen ist, öffnet sich plötzlich der Fels. Nur noch wenige hundert Meter, und wir stehen in einer der schönsten Buchten Mallorcas. Sa Calobra – von vielen Reiseveranstaltern und Leihwagenbesitzern angefahren, von ganz wenigen durch die Schlucht angegangen. Lange können wir dem Anblick des türkisblauen Wassers vor dem feinkörnigen Kiesstrand nicht widerstehen. Das Bad im Meer wird dann schließlich zum letzten Höhepunkt eines aufregenden Tages.

Links: Ruhe in den Gassen – Rechts: Spektakuläre Schlucht in der Serra de Tramuntana

Erkundungen im Norden

Etwa 80 Kilometer trennen Palma de Mallorca vom Cap de Formentor, dem nördlichsten Punkt der Insel. Auf Mallorca ist dies die längste Querverbindung, die man geraden Weges zurücklegen kann. Hinter der zerklüfteten Felszunge am Cap kann man die Sonne auf- und untergehen sehen. Über den schroffen Felsen von Formentor nähern sich auch die meisten deutschen Chartermaschinen ihrer Destination: Der erste Blick vom Flugzeug fällt auf Mallorcas wilde Küste. Sekunden später tauchen die breiten Sandbuchten von Pollença und Alcúdia auf. Pollença lockt schon seit über hundert Jahren die Besucher. Eine lebendige Plaça, stimmungsvolle Altstadtgassen und ein beachtliches Kulturangebot machen das Städtchen in jeder Jahreszeit zu einem lohnenden Ziel. Keine andere Altstadt auf Mallorca bietet dagegen ein derart geschlossenes Bild vergangener Jahrhunderte wie Alcúdia. Geschützt durch eine gut erhaltene Stadtmauer, hat die Altstadt ihre Einheitlichkeit bewahrt. Die meisten Urlauber haben ihren Standort jedoch nicht in den historischen Orten, sondern den Touristenurbanisationen am Meer.

Oben: Schon seit mehr als 80 Jahren ist Port de Pollença Ziel vor allem britischer Urlauber. – Mitte: Als würden die Berge bis in die Unendlichkeit reichen: an Mallorcas Nordküste – Unten: In der Seitenkapelle der Kirche Sant Jaume verehren Pilger den »Christus von Alcúdia«.

Alcúdia

Erkundungen im Norden

Zwischen Pollença und Alcúdia

Pollença – Alcúdia – Cap de Formentor – Menorca

Port de Pollença ist ein stimmungsvoller Ort mit einer gut organisierten touristischen Infrastruktur. Vom Fahrradverleih über Tauchschulen bis hin zu Segelkursen in der halbrunden, geschützten Bucht lässt sich hier alles finden.

An der Fußgängerpromenade Passeig Vora Mar stehen in der ersten Reihe noch einige kleine, fast ehrwürdige Hotels und Ferienhäuser, die vor allem Eltern mit Kindern einen angenehmen Urlaub garantieren. Ein von Pinien beschatteter Strand beginnt nur zehn Meter von der Promenade entfernt. Urlaubstage in Port de Pollença stehen im Zeichen des Genusses und könnten etwa so aussehen: Zuerst steht Frühstücken im Café vor dem renovierten »Hostal Bahia«, einem einfachen Traditionshaus aus der ersten Stunde des Mallorca-Tourismus, auf dem Programm,

anschließend ein Spaziergang zum Jachthafen, wo die Masten der stolzen Segler in der Morgensonne glitzern. Die Hauptgeschäftsstraße verführt zum Einkaufsbummel. Es ist eine gute Idee, noch einen *cortado* vor dem Hotel »Sis Pins« einzunehmen, während die Kleinen am nahen Strand schon Sandburgen bauen. Zur Mittagszeit freut man sich dann auf eine erste Abkühlung in den sanften Wellen. Man kann es sich wahrlich gut gehen lassen in Port de Pollença.

Cala Bóquer und Cala de Sant Vincenç

Am Nachmittag steht ein kleiner Ausflug auf dem Programm: zu Fuß in die Nachbarbucht Cala Bóquer. Der Weg verläuft zunächst am Strand entlang Richtung Formentor bis zur ins Bóquertal führenden Abzweigung Avenida Bocchoris, die bei der Finca Bóquer in einen Fußweg übergeht. Verlaufen kann man sich nicht. Nach einer Stunde steht man über der fjordartigen Bucht und genießt bei einem Picknick den Aus-

Links: Menorcas Costa Brava, die »wilde Küste«, macht ihrem Namen alle Ehre. –
Rechts: Auch auf der Halbinsel Formentor finden sich idyllische Strände und Badeplätze.

Das Dächermeer von Pollença schmiegt sich zwischen die Hügel.

Links: Piraten brannten Pollença im Jahr 1552 nieder. – Rechts: Marktstand in Pollença

blick. Wer Lust hat, kann vorsichtig den steilen
Abstieg wagen.

Doch das Meer an der offenen Nordküste ist oft
rau, und große Steine trüben die Badefreuden.
Wer gemütlich baden oder in Ruhe schwimmen
möchte, sollte lieber der Nachbarbucht Cala
Sant Vicenç einen Besuch abstatten. Eine schmale Stichstraße
führt in vier Kilometern zu den drei Sandbuchten der Cala de Sant
Vicenç. Nach wenigen Metern Schwimmen im glasklaren Wasser der ersten Bucht beginnt ein sandiger Untergrund, der das Wasser türkis erscheinen lässt. Man hat ständig die imposante, an die Dolomiten
erinnernde Felskulisse vor Augen. Senkrecht fallen die Wände ins Meer.
Die zweitgrößte Bucht an der Nordwestküste Mallorcas hat allerdings
auch durch einige missglückte Hotelanlagen aus den Siebzigerjahren zu
leiden, aber die Schwimmmöglichkeiten entschädigen hierfür vollends.

Romantisches Pollença

Klein, aber fein liegt die Kleinstadt Pollença, eingebettet zwischen Kalvarienberg und dem Puig María, nur fünf Kilometer von ihrem ehemaligen Hafen entfernt im Inland. Zwar hat Port de Pollença den Hauptort
am Fuß der Serra Tramuntana bereits seit Langem an Geschäftigkeit und
Einwohnerzahl übertroffen, dennoch oder vielleicht gerade deshalb wird
Pollença von seinen Besuchern als allererste Adresse auf Mallorca gehan-
delt. Es gibt nur wenige, aber dafür kleine und geschmackvolle Hotels
und romantische Privatquartiere. Das Zauberwort in Pollença und Umgebung heißt Fincaferien. Nirgendwo sonst auf der Insel werden so viele
Fincas vermietet, nirgendwo sonst auf Mallorca gibt es so viele aus- und
auch inländische Fincabesitzer wie hier. Die versteckten Anwesen liegen
verstreut im Umkreis von wenigen Kilometern um Pollença. Auf fast
jedem Grundstück lässt sich ein Wohnhaus ausmachen – vom einfachen
Landhaus bis zum wahren Palast mit Zimmerfluchten und Swimmingpool. Alle firmieren unter der Bezeichnung Finca. Clevere Besitzer ver-
mieten sie in der Hauptsaison an Ruhe suchende Fremde, noch cleverere
Ausländer kaufen sie auf und bieten einer betuchten Klientel Fincaferien
im Kompaktpaket mit Flug, Leihauto und Bettenservice an.

Lebendige Plaça

Egal, aus welcher Richtung man kommt, schon von Weitem gerät Pollenças Hausberg ins Blickfeld. Obwohl er nicht besonders hoch ist (333 Meter), beeindruckt der Puig María von allen Seiten durch seine ebenmäßige Form. Wer an der ersten Einfahrt in die Stadt hinter dem Kreisverkehr Halt macht, erreicht in wenigen Schritten die altehrwürdige Brücke Pont Romana. Die noch immer begehbare, des Nachts angenehm zurückhaltend beleuchtete Brücke mit ihrem Doppelbogen über den Torrent de Sant Jordi blickt auf eine 2000-jährige Geschichte zurück. Sie gilt als die einzig erhalten gebliebene Brücke aus der Römerzeit.

Pollença gibt schon einen Vorgeschmack auf das ländliche Mallorca im Inselinneren. Die 17 000 Einwohner zählende Kleinstadt an den Ostausläufern der Tramuntana-Berge und in Sichtweite des Meeres vereint alle Vorzüge für den Reisenden. Der Weg zu den Stränden ist nicht weit, und als Ausgangspunkt für lange Wanderungen und Fahrradtouren ist der traditionsreiche Ort geradezu ideal. Das Wetter ist nicht so unbeständig wie an der Nordwestküste vor der Bergkette der Serra Tramuntana und das Umland, das sich zum Meer der großen Ebene um Sa Pobla hin öffnet, nicht so steil.

In der Mitte von Pollença befindet sich zweifelsohne Mallorcas schönster Platz, die vor einigen Jahren restaurierte Plaça Major. Noch spät in der Nacht sitzt man gerne auf den Stühlen vor der »Bar Can Moixet« oder dem kleinen »Hotel Juma«, das zu den ältesten Häusern der Insel gehört und seit dem Jahr 1907 geöffnet ist.

Die Malerschule von Pollença

Pollença und seine Umgebung ziehen schon seit Langem Besucher aus den nordischen Gefilden an. Die Maler aus der sogenannten Pollençiner Schule gehören zur spanischen Avantgarde und genießen internationales

Links: Zu Zeiten der Römer galt Pollença als wichtigster Markt der Insel. – Rechts: Die wuchtige Pfarrkirche von Pollença überragt die Plaça Major mit ihren Cafés.

Ansehen. Gleich zwei erstklassige Galerien an der Plaça Major präsentieren die renommiertesten Künstler Mallorcas. »Hier hängen in fast jedem Haus Gemälde, aber das hat nichts Elitäres«, erklärt Cristobál Borras von der Galerie Bennassar an der Plaça Major. Mit jugendlicher Begeisterung spricht der 80-jährige Galerist über die Kunst und Kunstszene im Norden Mallorcas. Um mehr über dieses Thema zu erfahren, empfiehlt der Galerist das Museum seines Partners und Namensgebers Toni Bennassar und den Club de Pollensa. Das Café des für Rentner geschaffenen Clubs ist auch für Besucher offen. Die Wände schmücken Gemälde von Künstlern, die alle zumindest zeitweise in Pollença gelebt und gearbeitet haben.

Auf dem Weg zum Museum kommt man an der Plaça Almoina, dem Almosenplatz, und dem Font des Gall vorbei. Der Hahnenbrunnen von 1827 ähnelt einem großen Kelch. Der geschmiedete Deckel wird von einem Hahn bekrönt, dem Wappentier der Stadt. An diesem Platz soll der hl. Vinzenz Ferrer (1350–1419) gepredigt haben. Schräg gegenüber ist das Geburtshaus des Dichters Miquel Costa i Llobera (1854–1922).

Schwebende Schiffe im Azur und paradiesische Badefreuden an der Cala Macarelleta

Der Dichter und Priester wird nicht nur in Mallorca wegen seiner Poesie geliebt, die immer wieder Landschaft und Landleben auf der Baleareninsel zum Thema hat. Costa i Llobera hat auf Katalanisch geschrieben, was ihn zu einem der Säulenheiligen der nach nationaler Identität strebenden Region Spaniens macht.

Museu Dionis Bennassar

Die Fundació Dionis Bennassar befindet sich im ehemaligen Wohnhaus des Künstlers. Dionis Bennassar (1904–1967) gehörte zum Kreis des bekannteren Hermen Anglada Camarassa, der vor dem Spanischen Bürgerkrieg den Norden Mallorcas für seine expressionistisch beeinflusste Malerei entdeckt hatte. »Früher übten die Landschaft und das Licht den größten Einfluss auf die Maler aus«, erklärt Toni Bennassar. Der Sohn, der ebenfalls Künstler geworden ist und seine Werke mit Toni Dionis zeichnet, zeigt auf eine Schwarz-Weiß-Fotografie, auf der er mit seinem Vater und anderen Malern zu sehen ist. »Damals fuhren die Künstler gemeinsam ans Meer, etwa zur Cala Vicenç, um zu malen«, erinnert er sich,

und ein wenig klingt es so, als bedauerte er, dass es das gesellige und gemeinsame Arbeiten unter den Künstlern heute nicht mehr gibt.

Im Museumshaus hängen über 200 Gemälde mit mallorquinischen Landschaften, mediterrane Blumenstillleben neben Porträts und Aktmalereien. In den Fincas um Pollença hängt so manches teuer erstandene Meisterwerk. Vielleicht ist das der Grund, warum zumindest viele ausländische Fincabesitzer ihr Eigentum während ihrer Abwesenheit von einem Wachdienst kontrollieren lassen. Allsommerlich wartet der Ort mit einem hochkarätigen klassischen Musikfestival auf, zu dem weltbekannte Solisten und Orchester eingeflogen werden. Dann sitzt die spanische Königin als Schirmherrin ganz unprätentiös wie alle anderen auch unter freiem Himmel im Hof des ehemaligen Dominikanerklosters und lauscht den Klängen.

Frank Elstner und Peter Maffay sind nicht die einzigen Deutschen, die sich hier schon lange eingekauft haben. An jedem Sonntagvormittag findet auf der Plaça zu Füßen der Pfarrkirche Nostra Senyora dels Angels ein Obst- und Gemüsemarkt statt. Ein farbenprächtiges Schauspiel, das genauso wenig von seiner Faszination eingebüßt hat wie die nächtliche, schaurig-schöne Osterprozession vom Kalvarienberg hinunter.

Man erklimmt die 365 Stufen der alten Büßertreppe zwischen Zypressen zur schlichten kleinen Kapelle. Selbst für die Kleinen ist dieser Aufstieg ein Kinderspiel, dem sie sicher gerne nachkommen – wahrscheinlich weniger wegen des Ausblicks über die von oben mittelalterlich anmutende Stadt und auch nicht wegen der düster-dunklen Gemälde vom Leidensweg Christi in der Kirche, sondern wegen der Auswahl an Speiseeis im einfachen Kiosk direkt daneben.

Zum Osterpicknick auf den Puig de María

Geht man am Kloster vorbei aus dem Ort hinaus, kommt man direkt auf die Hauptverkehrsstraße, die von Pollença nach Palma führt. Ein

Links: Römisches oder mittelalterliches Bauwerk? Ungelöstes Rätsel um die Pont Romà von Pollença – Rechts: Authentisches Flair: mallorquinische Keramik, ein schönes Souvenir

kleines Schild weist den Weg zum Puig de María. Auf dem Gipfel des kegelförmigen Puig de María wurde nach der Vertreibung der Mauren, wie an vielen anderen Orten auf Mallorca auch, ein Madonnenbild unter mysteriösen Umständen wiedergefunden. Die Tatsache, dass selbst mehrere kräftige Männer nicht in der Lage waren, das Madonnenbild anzuheben, veranlasste die Christen zum Bau eines Sanktuariums.

Am Ostermontag bewegt sich noch immer alles, was in Pollença laufen kann, über den alten Pilgerpfad zum Sanktuarium hinauf, um hier das traditionelle Osterpicknick abzuhalten. In 45 Minuten ist man schon oben. Auch hier winkt zur Belohnung ein Eis oder ein einfacher Imbiss aus der Klosterküche. Im Kloster kann man sogar übernachten, zwar recht spartanisch, dabei aber so unglaublich billig, dass selbst Kinder aus Pollença im Sommer davon Gebrauch machen, um dann nachts mit Taschenlampen ihren Eltern vom Berg aus heimzuleuchten. Ein schmaler Pfad führt unterhalb der Klostermauern zu einem Felsvorsprung, vor dem sich die weiten Buchten von Pollença und Alcúdia ganz nah dem unverstellten Blick darbieten. Bei guter Sicht an klaren Tagen taucht die zarte Silhouette der menorquinischen Küste wie mit Pastellfarben gemalt im Hintergrund auf.

Der familienfreundliche Strand von Alcúdia

Wer nicht gerade im Winter anreist, kommt wohl wegen der Badefreuden nach Mallorca. In der Umgebung von Alcúdia kann man Strand- und Aktivurlaub in idealer Weise miteinander verknüpfen. Der zweitlängste Strand der Insel hat zwar durch verschiedene Bebauungsmaßnahmen einen Teil seines Charmes verloren, aber die Bademöglichkeiten sind hervorragend. Insbesondere für Kinder ist dieser Strand ideal, da das Wasser erst langsam tiefer wird.

Man kann sich zu Fuß im feinkörnigen Sand oder aber *per pedale* auf dem Radweg neben der Hauptstraße in ruhigere Gefilde fortbewegen. In der Mitte der Bucht fließt der Siruana-Kanal ins Meer. Nach einem Bad an der etwa fünf Kilometer südlich von Port d'Alcúdia liegenden

Links: Bei Pollença treffen sich Sonnenhungrige in der Cala de Sant Vicenç. – Oben: Buchten rund um Pollença – Unten: Port de Pollença ist einer der wichtigsten Häfen Mallorcas.

Oben: Die Halbinsel Victòria: ein Stück unberührte Natur – Unten: Die Schönheit der Halbinsel lässt sich am besten beim Wandern erleben. – Rechts: Alcúdia und seine Stadtmauer

Platja de Muro ist man bereit für einen gemütlichen Rundgang entlang der fünf Lehrpfade durch das dichte Schilfgras des Naturparks S'Albufera. Über 200 verschiedene Vogelarten kann man in dem Feuchtgebiet beobachten. Die weißen Reiher sind am auffälligsten. Für die Zugvögel ist die S'Albufera der letzte Rastplatz auf dem Weg nach Afrika.

Zwei Kilometer weiter gelangt man nach Can Picafort. Man passiert die Strandpromenade des frequentierten Urlaubsorts mit seinen unzähligen Hotels, Bars und Boutiquen, um am Ende der weitläufigen Urbanisation auf eine Sandbank mit einem Traumstrand zu stoßen. In der angenehmen Bar vor der Platja de Son Bauló kann man sich vor dem Schwimmen mit ein paar Tapas stärken. Die Tische stehen keine zwei Meter vom Wasser entfernt. Hinter der Flussmündung wird die Küste felsig und menschenleer. Hier erwartet den Besucher eine unvermutete Entdeckung – die Necrópolis Son Reial. Der neolithische Friedhof aus der Zeit zwischen dem siebten und dem ersten Jahrhundert vor Christus befindet sich direkt am Meer. Die Schaumkronen der Wellen lecken mit der untergehenden Sonne an den untersten Gräbern. Ein überaus mystischer Ort, einsam und verlassen, nur 30 Minuten zu Fuß vom letzten Hotel entfernt.

Wilde Halbinsel Victòria

Von besonderem Reiz ist ein Besuch der Halbinsel, die die beiden großen Sandbuchten Badia de Pollença und Badia de Alcúdia voneinander trennt und Cap d'es Pinar zur Spitze hat. An der engsten Stelle zwischen Alcúdia und seinem Hafen ist die Halbinsel noch nicht einmal drei Kilometer breit. Mit öffentlichen Verkehrsmitteln ist sie nicht zu erreichen, aber leicht mit dem Mietwagen oder Fahrrad von Port d'Alcúdia aus. Man kann dort verschiedene Wanderungen mit ungetrübten Badefreuden verbinden, aber auch auf Expedition tiefer, unerschlossener Tropfsteinhöhlen gehen. Zunächst einmal erreicht man aber Alcúdia. Die Entfernung von Port d'Alcúdia beträgt nur drei Kilometer, doch trennen Welten den

beschaulich-ruhig verschlafenen Ort von seinem ehemaligen Hafen.

Schon auf den ersten Blick wirkt Alcúdia auf seine Besucher sehr ansprechend. Umgeben von einer zinnenbesetzten Stadtmauer, die die Stadt fast vollständig umschließt, gelangt man durch die Porta Principal in die Stadt.

Die Stadtmauer wurde 1362 errichtet und bot der Stadt zur Zeit der Bauernaufstände (1521) ausreichend Schutz vor 6000 anstürmenden Rebellen. Sobald man durch das Stadttor gegangen ist, fühlt man sich ins Mittelalter zurückversetzt. Auf die teilweise restaurierten Stadtmauern kann man hinaufsteigen und sich einen Eindruck mit einem Blick über die Dächer verschaffen. Im Ortskern erhebt sich das stolze Renaissance-Rathaus der Stadt, die mit einem Uhrturm versehene Casa Consistorial. Alcúdia ist eine gewachsene Stadt, eine wohlhabende zudem, in deren verwinkelten Gassen es erstaunlich viele Bäcker, Metzger und Läden gibt, mittlerweile auch einige Cafés und Bars und romantische Stadthotels wie das kleine, feine »Cas Ferrer Nou Hotelet«.

Die versteckt zwischen Pinien liegende, traditionsreiche Feriensiedlung Mal Pas ist der einzige Ort auf der Halbinsel. Zugegeben, das Baden am hinteren Sandstrand von Mal Pas ist ein reiner Genuss und auch der beschauliche Jachthafen des Residenzviertels Bon Aire ist einen Besuch wert. Doch bald lockt ein Ausflug vom Kiesstrand S'Illot hinauf zur 140 Meter hoch gelegenen Ermita de la Victòria mit ihrer Wallfahrtskirche. Ein grandioser Ausblick gen Norden ergibt sich von hier auf die Bucht von Pollença und die Halbinsel Formentor. Die Holztafel Penya Rotja weist den Weg zu einer eindrucksvollen Wanderung.

Grandioses Finale: die Halbinsel Formentor

Die Halbinsel Formentor liegt im äußersten Norden Mallorcas. Gemütlich tuckert das Ausflugsboot von der Hafenmole in Port de Pollença mehrmals täglich zur Cala Pi de la Posada direkt neben dem berühmten »Hotel Formentor«, das der argentinische Millionär Adan Diehl lange

Links: Cap de Formentor – Rechts: Der Leuchtturm am Cap stammt aus dem Jahr 1892.

vor dem Tourismusboom bereits 1929 eröffnet hat. Nicht nur Charlie Chaplin und der Dalai Lama haben seitdem in der Luxusherberge genächtigt, zahllose Staatsempfänge und Gipfeltreffen wurden und werden in dem nach außen hin eher unauffälligen Gebäude mit der großen Freitreppe und den weitläufigen Gartenanlagen abgehalten. Der feinkörnige, weiße Strand liegt in einem Pinienwald, der erst fünf Meter vor dem Wasser endet. Angenehm erweist sich zudem, dass das Wasser meist zwei Grad wärmer ist als an der Cala Sant Vicenç in der offenen Nordküste. Zu Ostern, der ersten Reisezeit der meisten Mallorca-Besucher, wenn das Meer noch von den letzten Winterstürmen merklich kühl ist, lockt dieser kleine Unterschied viele Reisende hierher. Wem das Meer im Frühjahr doch noch zu kalt ist, der steigt vielleicht lieber die Freitreppe am Swimmingpool vorbei zur Luxusherberge hoch und gönnt sich einen Kaffee auf der Terrasse, wie es schon *tout le monde* getan hat …

Noch fehlen 13 Kilometer bis zum Leuchtturm am Cap de Formentor. Wer sein Fahrrad auf dem Ausflugsboot mitgenommen hat, kann sich jetzt den wildromantischen Rest der Halbinsel erschließen. Man hat die

zahlreichen Kehren für den harten Aufstieg, vor allem aber die zahlreichen Ausflugsbusse und Leihwagenfahrer zum viel besuchten Aussichtsfelsen Es Colomer, dem vielleicht beliebtesten Fotomotiv Mallorcas, umgangen. Ein Tunnel führt durch den Berg Fumat. Links des Weges liegt die schöne, allerdings steinige und schattenlose

Cala Figuera (nicht zu verwechseln mit derjenigen gleichen Namens an der Südküste). Nach rechts gelangt man zu Fuß in 20 Minuten in die einsame Kieselstrandbucht Cala Murta, die von der Straße aus nicht einzusehen ist. Die letzten fünf Kilometer hinter dem Tunnel führen durch eine Gegend, die immer schroffer und karstiger wird. Heftige Regenfälle während der Eiszeit haben die Karstformationen und Kalkfelsen im äußersten wilden Norden entstehen lassen. Im Laufe der Zeit hat das Wasser die merkwürdigen Rillen hineingegraben, die man auch beim Anstieg von Pollença zum Kloster Lluc bewundern kann. Hinter einer Kurve blitzt der frisch renovierte weiße Leuchtturm in der Abendsonne. Senkrecht fallen die Felswände ins Meer. Der Wind bläst fast immer heftig. Es gibt keinen Zweifel: Am Cap de Formentor hat man das nördliche Ende von Mallorca erreicht.

Höhlenabenteuer

Mehr als 3000 Höhlen hat man bisher auf Mallorca entdeckt. Die Drachenhöhle mit dem größten unterirdischen See Europas, die Höhlen von Artá, von Hams und von Campanet sind erschlossen und zu Touristenattraktionen ausgebaut, die keinen Raum für eigene Erkundungen lassen. Aber im Norden Mallorcas, nur wenige Kilometer vom lebhaften Port d'Alcúdia entfernt, kann man in einer noch nicht erschlossenen Tropfsteinhöhle seine Kindheitsfantasien à la Tom Sawyer ausleben. Dazu fahre

Links: Küste voll Wildheit: El Colomer auf der Halbinsel des Cap de Formentor –
Rechts: Unberührt und bezaubernd: die Bucht Cala Figuera nahe dem Cap Formentor

man nach Mal Pas, biege dort bei der »Bodega del Sol« rechts ab und folge dem Schild Coll Baix, bis ein schmaler Weg rechts in den Wald führt. In einer halben Stunde steht man vor dem Höhleneingang über den Klippen. Wie die anderen Höhlen auf Mallorca verdankt auch die Cova Adan ihre Existenz dem wasserlöslichen Kalkgestein, aus dem die Bergzüge der Insel bestehen. Das durch Ritzen und Spalten eindringende Regenwasser verbindet sich mit dem Kalk, löst ihn aus dem Gestein heraus und durchlöchert im Laufe von Jahrmillionen die Berge mit zahlreichen Höhlen. Danach entsteht in einem umgekehrten chemischen Prozess durch Verdunstung und Tropfwasser erneut Kalk, der in Form von Tropfsteinen so manche Höhle verzaubert. Solange noch keine durchgängige Säule entstanden ist, spricht man bei den nach unten wachsenden Tropfsteinen von Stalaktiten, während die vom Boden aus nach oben wachsenden Säulen als Stalagmiten bezeichnet werden.

Da die Höhle warm, aber völlig windstill ist, braucht man keine Angst vor einem Verlöschen der Kerzen zu haben. Man stellt sie in Sichtweite voneinander auf, um den Rückweg zu markieren. An mächtigen Säulen vorbei gelangt man durch mehrere Säle. Je weiter man vordringt, umso feuchter wird es, sodass man mit den Taschenlampen genau ausleuchten sollte, wohin man tritt. Vorsicht auch vor rutschigen Spalten im Stein. Hinter einer Rampe, die man nach einer halben Stunde erreicht, wird die Decke immer niedriger, und es gibt kein weiteres Fortkommen mehr. Noch eine letzte Überraschung hält die Höhle auf dem Rückweg bereit. Eine Rutsche führt zwei Meter tief in ein Loch, das scheinbar an den Felsen endet. Wenn man aber hinunterrutscht und weiterkrabbelt, erreicht man bald eine in sich gebogene Röhre. Es kostet Überwindung, sich hineinzuschieben, denn sie ist sehr eng. Aber man sieht ein wenig Tageslicht. Nach sechs Metern hat man den zweiten Ausgang erreicht. Er ist von einer alten Pinie halb verdeckt. Schweißgebadet steht man auf den

Links: Ferien nach Lust und Laune versprechen Mallorcas Fincas. – Rechts: Ciutadella, die frühere Hauptstadt Menorcas, wurde von den Karthagern gegründet.

Felsklippen direkt über dem tiefblauen Meer und wird vom gleißenden Sonnenlicht fast erschlagen.

Ausflug nach Menorca

Mehrmals täglich kann man von Palma nach Menorca fliegen. Eine reizvolle Alternative zum Flug zur Inselhauptstadt Maó bieten die Schnellbootverbindungen von Port d'Alcúdia nach Ciutadella. Die Schiffe verkehren zwischen Juni und September (7.30 Uhr hin, 22 Uhr zurück, man kann Räder mitnehmen) vom alten Hafengelände aus, wo auch der Frachtverkehr abgewickelt wird. Im Herbst und Winter, wenn der Tramontana unaufhörlich bläst und selbst die wetterresistenten Engländer die Insel verlassen, ist der Trip auf die wesentlich flachere und daher windige Nachbarinsel nicht zu empfehlen.

Der Tagesausflug auf Mallorcas kleine Inselschwester beginnt im fjordartigen, malerischen, von Restaurants und Bars umsäumten Hafen von Ciutadella, dem »Städtchen«. Unterhalb der Stadtmauer am Hafenbecken gibt es etwa zehn kleine Restaurants im Freien, die sich sowohl im

Oben: Traumblick auf Menorca vom Monte Toro – Unten: Die Megalithkultur findet man auch auf Menorca, etwa bei Torralba d'en Salord. – Rechts: Straßencafés in Alcúdia

Preis als auch im Angebot ähneln.
Hier gibt es einfaches, sehr gutes
Essen in angenehmem Ambiente,
natürlich vor allem Fisch und Tapas.
Dazu wird nicht nur Wein getrun-
ken, sondern oft auch Pomada: Der
mit Zitronensaft versetzte Gin
gehört zu Menorca, seit die Engländer, fasziniert vom besten Naturhafen des Mittelmeers, zu Beginn des
18. Jahrhunderts ihre Vorlieben hierher mitbrachten.

Alte ockerfarbene Adelspaläste, lauschige Plätze mit Straßencafés –
Ciutadella ist immer noch eine feudale Stadt und hat an Attraktivität
nichts eingebüßt, seitdem sie die Hauptstadtrechte an Maó abgegeben
hat. Besonders während des Festes de Sant Joan, wenn am Jahrestag des
Schutzpatrons von Ciutadella der Sommer eingeläutet wird, gerät die In-
selbevölkerung in fröhlichen Aufruhr. Wer zur Sonnenwende im Juni
Zeit hat, sollte sich die wilden Reiterspiele durch die Altstadt nicht entgehen lassen. Aber man kommt nicht wegen der beiden Städte Ciutadella
und Maó nach Menorca. Auch nicht wegen der eher kargen, flachen
Landschaft mit den von Natursteinmauern umschlossenen und vom
Wind zerzausten Feldern, die übersät sind mit rätselhaften Zeugnissen
einer Steinzeitkultur. Es ist die Ruhe der Strände, die für die Insel
Menorca selbst im Hochsommer so typisch ist.

Der große Vorteil der menorquinischen Küste ist, dass es keine Küsten-
straße gibt. Man folgt der einzigen großen Inselstraße zwischen Maó und
Ciutadella und biegt von ihr ab, um einer kleineren Stichstraße zum
Meer hin zu folgen. Von dort kann man einem Pfad entlang der Küste
zur nächsten Bucht folgen. Von Ciutadella aus ist am einfachsten die
herbe Schönheit Cala Morell zu erreichen. Einen Besuch wert sind auch
die bewaldeten Buchten von Algaiarens, zu denen eine gut ausgebaute
Straße führt, bis man das letzte Wegstück zu Fuß zurücklegen muss. Ein
Tagestrip sollte einen Besuch der Naveta des Tudons einschließen. Die
beeindruckendste prähistorische Anlage auf den Balearen ähnelt einem
auf den Kopf gestellten Schiff. Früher diente sie als Begräbnisstätte.

Das Inselinnere

Schon seit vielen Jahren ist das ländliche Mallorca das Eldorado der Radfahrer. Das milde Klima, die wenig befahrenen, aber dennoch asphaltierten Straßen durch völlig unterschiedliche Landschaftsformationen locken Amateure und Profis in jedem Frühjahr zu Tausenden auf die Insel. Das dichte Netz kleiner Fahrstraßen für den bäuerlichen Betrieb ermöglicht eine ungeahnte Vielzahl verschiedener Kombinationen. In der geografischen Mitte der Insel liegt Sineu, die einstige Hauptstadt Mallorcas, ein idealer Ausgangspunkt für die Erkundung des Inselinneren. Sineu hat wie fast jedes Dorf oder jede Kleinstadt seinen Wochenmarkt. Dort erlebt man die traditionelle und bodenständige Seite der Insel. Anders als man es vom Tourismus her kennt, spielt das Land, der Campo, eine viel größere Rolle und genießt eine größere Wertschätzung in der Bevölkerung als die Küste. In der fruchtbaren Ebene Es Pla mit ihren von Steinmauern eingefassten Ländereien und den charakteristischen Windmühlen liegen die Wurzeln des Insellebens.

Oben: Immer mehr Windmühlen im Inselinneren werden von ihren Besitzern restauriert. – Mitte: Alles, was Mallorcas Felder hergeben: reich bestückter Gemüsestand in Santa Maria del Camí – Unten: Das nette Binissalem, die Hochburg der mallorquinischen Winzer, lädt zu einer Rast im Schatten ein.

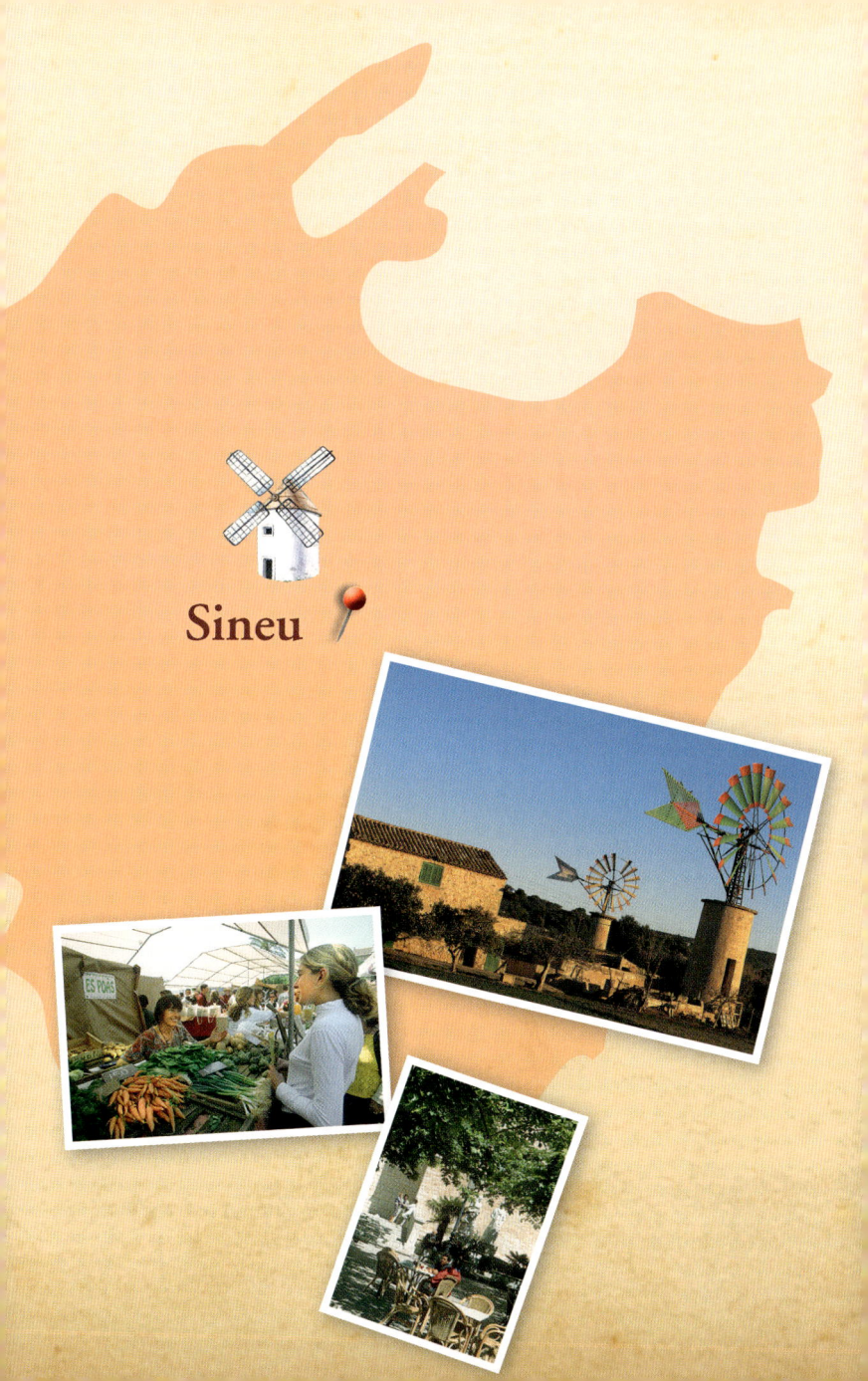

Sineu

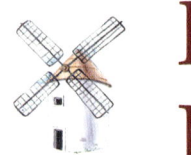

Das Inselinnere

Mit dem Rad zurück zu den Wurzeln

Sineu – Muro – Petra – Randa

Sineu ist der richtige Ort, um das Inselinnere mit dem Fahrrad zu erkunden. Von der früheren Inselhauptstadt, die exakt in der geografischen Mitte Mallorcas liegt, führen sternförmig in alle Richtungen kleine Straßen weg. Häufig sind diese untereinander noch einmal durch geteerte Feldwege verbunden. So kann sich jeder seine Tour nach Kondition und Laune zusammenstellen. Der Ort Sineu eignet sich aber nicht nur besonders gut als Ausgangspunkt für Ausflüge in die Umgebung. Dank des sympathischen Stadthotels »Leon de Sineu« ist der Ort, der schon bei Plinius als Sinium Erwähnung fand, auch ideal für einen ruhigen Aufenthalt fernab allen Trubels.

Den besten Blick über das kleine Städtchen hat man von der ehemaligen Getreidemühle mit dem großen restaurierten Windrad aus, die mit viel Geschmack zu einem Restaurant umgebaut wurde. Aber schon viel früher erblickt der sich Sineu mit dem Rad nähernde Reisende die mächtige

Kirche Mare de Déu dels Angels aus dem 16. Jahrhundert, die über der traditionsreichen einstigen Residenzstadt thront. »Em cago en Sinéu« – »ich sch… auf Sinéu« hieß es früher wenig freundlich über die einstige Balearenmetropole, mussten die Bauern doch während der kurzen Epoche des unabhängigen Königreichs Mallorca hier ihre Steuern entrichten. Heute erfreut sich die einstige Königsresidenz großer Beliebtheit. Zumindest am Mittwoch, dann kommen die Tagestouristen in Massen. Ihr Ziel ist der Vieh- und Wochenmarkt.

Von deutschen Malern wird der bäuerlich geprägte Ort schon länger als Refugium genutzt. Der ehemalige Bahnhof wurde mit privater Hilfe zum Kunstzentrum Centre d'Art S'Éstació umgestaltet. Auf drei Ebenen werden wechselnde Ausstellungen katalanischer, spanischer und auf Mallorca lebender internationaler Künstler präsentiert. Nachdem die Mallorquiner Eisenbahngesellschaft den Betrieb für knapp 30 Jahre eingestellt hatte, fahren die Züge heute wieder bis Sa Pobla und über Sineu nach Manacor.

Links: Genüsse, landestypisch eingelegt, erwarten die Besucher auf allen Wochenmärkten. – Rechts: Immer mehr Windmühlen werden von ihren Besitzern restauriert.

Der geflügelte Löwe – Sineus Wahrzeichen

Vom Marktplatz gelangt man durch die enge Marktgasse zum steinernen geflügelten Löwen vor der Kirche, dem Symbol des heiligen Markus, der zum Schutzpatron von Sineu erkoren wurde. Von hier aus findet man durch einen Torbogen zur Plaça. Zuvor fährt man jedoch an dem – uns Pedalritter – nicht gerade motivierenden Denkmal des zu Tode gestürzten lokalen Radrennfahrers Alomar vorbei. In Stein verewigt, hält er noch sein demoliertes Rad in Händen. Es soll an dieser Stelle nicht verschwiegen werden, dass die Zahl der Unfälle auf Mallorca, in die Radfahrer verwickelt waren, gerade in den letzten Jahren stark angestiegen ist. Eine negative Folge des Booms, die die spanische Regierung schon zu Gesetzesänderungen wie der allgemeinen Helmpflicht für Radfahrer veranlasst hat.

Sineu ist umgeben von der großen Zentralebene Es Pla. Im Südosten geht die Ebene in die Serra de Llevant über, wo der mediterrane Buschwald Garrigue das Landschaftsbild bestimmt. Im Norden wird sie von der schroffen Serra Tramuntana begrenzt und geschützt. Sobald man mit

dem Rad die Stadt wieder verlässt, fährt man durch das fruchtbare, anmutige und abwechslungsreiche Land der Felder und Gärten. Auf dem Weg nach Llubí verliert man sich bald zwischen den Kapernfeldern. Die wellig verlaufende Straße ist auf beiden Seiten von aufgeschichteten Steinmauern, den sogenannten *tancas*, begrenzt. Die zahlreichen Steine mussten von den Bauern erst einmal vom Feld geräumt werden, bevor sie die fruchtbare Erde land-

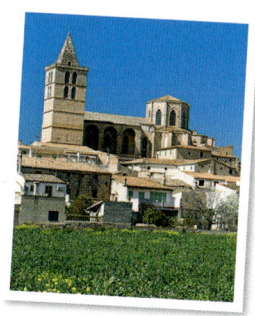

wirtschaftlich nutzen konnten. So sind die *tancas* entstanden, die fest zum mallorquinischen Landschaftsbild im Inselinneren gehören. Man kann die Fahrt über Sencelles in das Weinbaugebiet nach Binissalem fortsetzen, um von dort aus in das sehr reizvolle Orient-Tal weiterzufahren. Bini bedeutet auf Arabisch Söhne, Binissalem demzufolge die Söhne des Salem, denen einstmals die Gehöfte des Ortes gehörten.

Bei den Söhnen des Salem

Im Spätsommer stellt das farbenprächtige Erntedankfest in Binissalem, die Festa dés Vermar, den Höhepunkt des mallorquinischen Winzerlebens dar. Strahlender König des Festes war bis vor Jahren noch derjenige Winzer, der die größte und schwerste Traube auf die Waage der Jury legte. Aber der mallorquinische Weinbau hat innerhalb weniger Jahre einen Wandel und ungeahnten Aufschwung genommen. Heute allerdings ist nicht mehr die Größe der Traube, sondern der finessenreiche Inhalt der Weinflasche das Maß der Dinge.

Die vielleicht schönste Tour im Hinterland führt über den beschaulich-ruhigen Ort Alaró ins vergessene Orient-Tal. Vorbei an dem massiven Tafelberg, auf dem sich in 822 Meter Höhe die Ruinen des einstmals als uneinnehmbar geltenden Castell d'Alaró befinden, erreicht man den nur 150 Häuser zählenden Ort, dem das von Obst- und Mandelbäumen bestandene Tal seinen Namen verdankt. Über den 550 Meter hohen Pass Coll de Hono geht es nach einiger Anstrengung hinunter nach Bunyola,

Links: In der Pla de Mallorca breitet sich das Dorf Sencelles aus. – Rechts: In Sineu wacht die Pfarrkirche Mare de Deu Dels Angel über den beschaulichen Alltag.

das an der Eisenbahnstrecke Palma–Sóller liegt. Leider transportiert der »Rote Blitz« keine Fahrräder, sodass man aus eigener Kraft bis ins hübsche Santa Maria del Cami weiterfahren muss.

Der Name verrät es schon: Die kleine Stadt liegt am Weg (*cami*). Seit der Fertigstellung der Autobahn zwischen Palma und Inca ist sie wieder in einen hundertjährigen Dornröschenschlaf zurückgefallen, der ihr nicht schlecht bekommt. Ein Besuch des Minoritenklosters und der barocken Pfarrkirche mit dem blau getünchten Dach sind einen Zwischenstopp wert.

Im nahe gelegenen Biniali ertrinkt man fast in einem Blütenmeer. Die Häuser des Dorfes mit immerhin einmal 200 Einwohnern wurden auf das Aufwendigste renoviert, nachdem ein namhafter Schweizer Uhrenfabrikant alle Gebäude aufgekauft hat und zu einem für Außenstehende gesperrten privaten Musterdorf machen wollte. Erst nach heftigen Auseinandersetzungen in der Öffentlichkeit ließen die Mallorquiner Politiker die anachronistischen Schlagbäume wieder abbauen, sodass jetzt jeder, der möchte, durch das blitzblanke, wie ausgestorben wirkende, videoüberwachte Dorf gehen kann.

Eine andere Route führt erneut am auffälligen Windmühlenrestaurant vor Sineu vorbei auf die breite Straße nach Santa Margalida und Can Picafort. Wenig später folgt man jedoch links der schmalen Landstraße nach Muro. Sie ist schnell zu befahren, da sie am Anfang abschüssig und dann mehr oder weniger eben durch eine friedliche, ruhige Landschaft führt. Feigenbäume säumen den Weg. Schwarze Felder sind mit Saubohnen bestellt. Nach einer guten halben Stunde kommt man hinter der Kreuzung mit der Verbindungsstraße zwischen Llubi und Santa Margalida auf der gleichen Landstraße nach Muro.

Traditionelles Leben auf dem Land

Der Ort ist mit über 7000 Einwohnern relativ groß. In einem alten Herrenhaus aus dem 17. Jahrhundert befindet sich das Museo de Mallorca, das einen Besuch wert ist. In dem volkskundlichen Museum sind alte Volkstrachten und antike Webstühle ausgestellt sowie typische Wohnräume im mallorquinischen Stil eingerichtet. Zudem sind die

Links: Der Maler Luis Maraver in Binissalem – Rechts: Das fruchtbare Tal bei Bunyola

Auch für passionierte Reiter hält Mallorca
mit seinen endlosen Blumenwiesen, hier
bei Randa, unvergessliche Erlebnisse bereit.

Kammern und Gerätschaften vieler Handwerkerberufe nachempfunden: Neben den Arbeitsstätten von Weber, Schuhmacher und Sattler zieht im Erdgeschoss des Haupthauses eine traditionelle spanische Apotheke den Besucher in ihren Bann. Im Innenhof des ethnologischen Museums ist ein historisches Wasserschöpfrad zu bewundern.

Wer sich für das bäuerliche, traditionelle Landleben auf Mallorca in früheren Zeiten interessiert, wird auch gerne von Sineu aus über Sant Joan zum Landgut Els Calderes fahren. Den lohnenswerten Ausflug kann man über die Ermita de Nuestra Senyora de Bonany nach Petra weiter ausbauen.

Im verschlafenen Petra hat Junipero Serra das Licht der Welt erblickt. Von Petra aus trat der Missionar des Franziskanerordens den weiten Weg in die Neue Welt an, um die Heiden zu bekehren. Eigene Missionsstationen sollten zu Weltstädten werden: San Francisco, San Diego, Carmel und andere Städte in Nordmexiko und Kalifornien gehen auf die christliche Gründungsgeste des Paters zurück. In fast schon kultischer Art gedenken die Amerikaner des Missionars: »Ohne Petra kein Kalifornien«,

lautet das lapidare Fazit des kleinen Museums, das sich fest in amerikanischer Hand befindet. An einer kleinen Stierkampfarena im Norden der Stadt biegt man auf die Landstraße und fährt zügig dem Meer entgegen. Man bewegt sich auf den südlichen Rand des Parc Natural de S'Albufera zu, den man nach eindrucks-

reicher Fahrt vorbei an zahlreichen Windmühlen bald erreicht.
Von dem mit Palmen und Kakteen umstandenen Gebäudekomplex der großen Finca Son Sant Marti ist es nur noch ein Katzensprung bis zur Küste. Hinter der viel befahrenen Verbindungsstraße zwischen Port d'Alcúdia, Can Picafort und Artá lockt das Meer. Die Platja de Muro ist der schnellste Zugang von Sineu aus zum Meer.

Santa Margalidas berüchtigter Sohn

Der ungefähr 20 Kilometer von Sineu entfernte feine Sandstrand gehört zu den ruhigeren Abschnitten der großen Bucht von Alcúdia mit seinen oft verbauten Dünenlandschaften. Zum Rückweg nimmt man am besten die schmale Landstraße nach Santa Margalida. Das direkte Küstenhinterland ist zunächst recht eintönig, sodass man froh ist, den lang gestreckten Ort zu erreichen. Hier wurde Juan March geboren, der durch Schmuggel und skrupellose Finanztransaktionen während des Zweiten Weltkriegs zum reichsten Mann Spaniens wurde; seinen Nachkommen gehören noch immer die schönsten Landstriche und Anwesen hier auf Mallorca.
»Nur Ausländer, arme Leute und Hunde baden im Meer« – dieser dem Mallorquiner Volk in den Mund gelegte Satz stimmt schon lange nicht mehr, denn die Inselbewohner wissen die Vorzüge des Badens durchaus zu schätzen. Nicht wenige Einheimische haben ihre Jachten zwischen die Jollen geschoben und gehen auf Segeltörn, sobald die Zeit es ihnen erlaubt. Auch finden sich unter den schattigen Pinien der Badebuchten am Rande der Gruppen ausländischer Badegäste noch immer einheimi-

Links: So speisten einst die reichen Grundbesitzer: im Landgut Els Calderes. –
Rechts: Der Klostergarten ist Gedenkstätte für den Gründer von San Francisco.

sche Familien, die ihr üppiges Sonntags-picknick einnehmen. Doch die wahre Liebe der Mallorquiner gehört dem Campo, wie das flache Land genannt wird. Die enge Verbindung der Bevölkerung zum Landleben zeigt sich besonders im Hauptvergnügen an den Wochenenden, die ganz der Familie und der Verwandtschaft gewidmet sind. Dann zieht es viele Mallorquiner auf das Land oder auf einen Kloster-berg, wo man sie am Spätnachmittag in langen Reihen im ehemaligen Speisesaal der Mönche tafeln sehen kann. Auf dem Campo besitzt fast jede Mallorquiner Familie, ob sie nun im Dorf oder in der Stadt lebt, eine Finca. Die Finca ist der Mittelpunkt des Lebens am Wochenende, nur unterbrochen vom vormittäglichen Besuch auf dem Markt des nächsten Städtchens. Hier isst und trinkt man, am liebsten im großen Kreis, trägt Familienfehden aus und legt sie bei, hier pflegt man die Oran-genbäume, baut Gemüse an und beschneidet die uralten Olivenbäume, die Feigen- und die Mandelbäume. Die Mallorquiner lieben ihr Stück Land, selbst wenn sie das meiste schon verkauft haben sollten.

Jedem sein Stück Land

Vielleicht begreift man als Fremder diese Liebe am besten, wenn man sich im Spätsommer ganz früh mit dem Rad Sineu nähert. Der Dunst hat sich bereits verzogen. Die noch milde Morgensonne wirft ein weiches Licht auf die überreifen Früchte. Die Ernte steht kurz bevor. Auf einer Anhöhe, die die üppige Ebene beherrscht, liegt das Dorf. Es ist eines der schönsten weit und breit. Aus der offenen Tür zur Metzgerei hinter dem Fliegenvorhang dringt Frauengelächter. Bisweilen hört man auch eine ruhige, tiefe Männerstimme. Es herrscht Frieden. Die Zeit scheint stehen zu bleiben. Es ist die Stunde der einsamen Wanderer und Radfahrer. Es herrscht das Licht des Fotografen. Allmählich steigt die Sonne höher. Aus Wärme wird Hitze, die wenigen Menschen auf der Straße suchen

Links: Cellers heißen die rustikalen Weinkeller-Restaurants, für die Inca berühmt ist. –
Rechts: Das Dorf Selva bildet ein besonders romantisches Tor zur Serra de Tramuntana.

Schatten. Das Licht wird gleißend. Die Felder warten auf die Ernte. Bäume und Sträucher biegen sich unter der Last der Früchte. Man sucht den Schatten und wartet auf den Abend. Das ist das ursprüngliche Mallorca, über das der Dichter Miguel de Unamuno schrieb: »Eine Perle zwischen den zwei silberblauen Schalen des Himmels und des Meeres; herrliches Land, um in Ruhe alt zu werden.«

Auch immer mehr Deutsche nehmen sich die Worte des spanischen Nationaldichters zu Herzen und verlegen ihren Alterswohnsitz ins ländliche Mallorca.

Der heilige Berg

Zwischen Algaida und Llucmajor erhebt sich der Puig de Randa auf 542 Metern. Auf drei Etagen finden sich Klöster auf Mallorcas heiligem Berg. Ganz oben, beim Kloster Cura, soll der Philosoph Ramón Llull erleuchtet worden sein. Möglicherweise stand an seinem Ort einst ein maurisches Kastell, allerdings gibt es dafür keine gesicherten Beweise. Wahrscheinlich wurde der Tafelberg seit der Rückeroberung im 13. Jahr-

hundert als Rückzugsort von Eremiten genutzt. Der prominenteste soll Ramón Llull gewesen sein, der sich 1273 in einer Höhle unterhalb des heutigen Klosters der inneren Einkehr verschrieben hatte und dort eine göttliche Vision erlebt haben soll.

Llull stammte aus einer vornehmen Familie. Bereits mit 14 Jahren kam er an den Hof des Königs von Aragón. Jedoch sah es lange Zeit gar nicht nach einer erfolgreichen Karriere aus. Anno 1263 ist der Dreißigjährige noch schönen Frauen verfallen, denen er Unschuld und Ehre raubt. Fünfmal noch muss Christus ihm drohend erscheinen, bis Ramón seinen fleischlichen Begierden abschwört und sich ganz Gott widmet. Als der »Erleuchtete Doktor« lehrt er in Paris, Montpellier und Mallorca. Die Erleuchtung selbst ist ihm jedoch nicht an der Universität, sondern 1272 in einer Höhle auf dem Puig de Randa zuteilgeworden: Hier erfindet Llull einen kleinen Apparat mit drei kreisrunden Pappscheiben. Auf den Rand der ersten Scheibe notiert er neun mit Buchstaben codierte Bezeichnungen für die absoluten Prädikate Gottes wie Güte, Größe und Ewigkeit. Auf die nächste Scheibe, die wie alle anderen gegen die erste

gedreht werden kann, schreibt er die Codes für neun relative Prinzipien wie Übereinstimmung, Unterschied und Gegensatz, auf die dritte Fragewörter nach dem Sinn des Lebens und Bezeichnungen für die neun Seinssphären. Beim Drehen der Kreisscheiben kann er nun immer wieder neue Fragen zum Verhältnis von Gott und Welt stellen – und beantworten. Diese »Llullsche Kunst«, ein Drei-mal-drei der Kombinationslogik, in der sich die Zahl drei als christliches Symbol auf die Dreifaltigkeit bezieht,

beeinflusst im Verlauf der Jahrhunderte viele große Denker: Heutige Naturwissenschaftler sehen hierin sogar einen geheimen Ursprung der Computertheorie, den ersten nachweisbaren Plan für eine Maschine zum logischen Denken.

Das Motto: verstehen statt bekämpfen

Vor dem Hintergrund dieses selbst gebastelten Denkapparats beginnt Raimundus Llullus, wie er latinisierend genannt wird, seine »Lehrbücher« zu schreiben. Als Einsiedler in der Einsamkeit am heiligen Berg Puig de Randa verfasst er auf der Basis seiner »Wahrheitsmaschine« vor allem Missionsschriften in arabischer Sprache, die er auf seine Reisen nach Nordafrika mitnimmt. Dort, so wird vermutet, soll er zu Tode gesteinigt worden sein.

Mit seinem Plädoyer für die Vernunft und wider den blinden Glauben bricht Llull als Erster mit der Dogmatik. Er setzt auf die Überprüfung durch das eigene Gewissen und die Kraft der persönlichen Überzeugung. Damit leitet er Veränderungen ein, die erst im 16. Jahrhundert mit Erasmus und Luther an gesellschaftlicher Relevanz gewinnen. Schon kurz nach seinem Tod erkennt Papst Gregor IX. den Ketzer im Prediger und verdammt 1376 die schriftliche Hinterlassenschaft Llulls. Erst im vergangenen Jahrhundert fand seine Bedeutung für Wissenschaft und Literatur Anerkennung und Bewunderung.

Links: Getreide- und Wassermühlen prägen Mallorcas Landschaft. – Rechts: Kunsthandwerklich gestaltete Gedenkkachel für den Philosophen Ramón Llull

Vom stillen Süden in den milden Osten

Künstler und Schriftsteller behaupten seit ihrer »Entdeckung« Mallorcas, die Insel habe viele Gesichter. Sie haben recht: Der Unterschied zwischen dem weitläufigen Sandstrand Es Trenc und dem nur wenige Kilometer entfernten Küstenabschnitt zwischen Cala Figuera und Cala Rajada könnte größer kaum sein. Es Trenc bei Colonia Sant Jordi ist Mallorcas größter und dank des Engagements vieler Bürger noch unbebauter Sandstrand. Ganz anders zeigt sich die Südostküste, wo fjordähnliche Buchten tief in das Karstplateau eingeschnitten sind. Die meisten cales sind mittlerweile dicht bebaute Urlaubszentren. Dennoch gibt es noch einzelne Naturparadiese wie die Cala Mondragó, wo türkisblaues Meer auf einen feinsandigen weißen Strand schwappt. Manche dieser cales sind noch echte Geheimtipps, jedenfalls soweit man das noch von einem Ort auf Mallorca sagen kann. Die abgelegenen Buchten erreicht man nur zu Fuß oder mit dem Boot. Herrliche Strände erwarten den Urlauber auch in Cala Rajada und im Naturpark der Levante-Halbinsel.

Oben: Ein Paradies für Tauchfreunde ist die Unterwasserwelt der Cala Guya nahe Cala Rajada. – Mitte: Gerettet: Am Strand von Es Trenc spielt der sanfte Tourismus die Hauptrolle. – Unten: Zur Nacht vertäut: Cala Rajada hat die zweitgrößte Fischereiflotte Mallorcas.

Es Trenc

Vom stillen Süden in den milden Osten

Strände, Küste, Meer
Es Trenc – Mondragó – Cala d'Or – Portocolom – Cala Rajada

Immer dem Grenzverlauf der Gehöfte folgend, vorbei an zahlreichen Windmühlen, führt die Landstraße nach Süden. Brettebene Felder und Wiesen, auf denen Schafe und Kühe gemächlich grasen, prägen das Landschaftsbild. Auf dem Weg von Campos zur Colònia de Sant Jordi kann man das Meer schon riechen. Salz liegt in der Luft. Plötzlich tauchen schneeweiße Berge aus dem Nichts auf. Man braucht ein wenig Zeit, um sie im gleißenden Licht als die Salinen zu erkennen, die nun unter Naturschutz stehen. Direkt neben den Salines de Llevant steht ein altes Herrenhaus, es ist wie einst, nun aber frisch renoviert, das Kurhotel für rheumakranke Mallorquiner und Wellness suchende Urlauber, die es sich in den warmen Quellen der Solebädern gut gehen lassen. Vor ihnen nutzten bereits die Römer die einzigen Thermalquellen Mallorcas, die Banys de Sant Joan. Die Colònia de Sant Jordi an der Südspitze der Insel

gehört zu den ältesten Siedlungen Mallorcas. Heute ist der 2000 Einwohner zählende Ort wegen seiner Traumstrände sehr beliebt.

Auf ganz Mallorca gibt es keine Sandstrände, die so weitläufig sind wie die Strände links und rechts der Colònia de Sant Jordi. Die Platja d'es Trenc ist der schönste Naturstrand der Insel. Es Trenc ist jedoch mehr als ein Sandstrand von etlichen Kilometern Länge, hinter dem sich weitläufige Dünen in Pinienwäldern verlieren. Es Trenc ist das Symbol der balearischen Ökologiebewegung, die sich erfolgreich gegen die Bebauung des letzten großen ursprünglichen Sandstrands zur Wehr gesetzt hat. Am Strand erinnern noch immer zahllose Parolen auf alten Bunkern, die aus dem Spanischen Bürgerkrieg stammen, an die Rettungsaktion.

Der Kampf um Es Trenc

Der Streit über die letzte große »Schonung am Meer« war im Jahre 1983 ausgebrochen. Investoren hatten eine Luxustourismusanlage mit Golf-

Links: Leere Sonnenliegen sieht man nur in der Nebensaison. –
Rechts: Auf dem Weg zum Cap de ses Salines blenden weiße Berge aus Salz.

plätzen geplant. Insgesamt sollten über eine Million Quadratmeter verbaut werden, um 3000 Feriengäste in einer Edelurbanisation am Meer unterbringen zu können. In den mallorquinischen Medien hagelte es kritische Leserbriefe und Anzeigen. Das Für und Wider zum Thema Es Trenc wurde von Mal zu Mal schärfer formuliert. Anführer und Sprachrohr der Urbanisationsgegner war die Umweltschutzorganisation GOB, deren jugendliche Mitglieder sich schon Jahre zuvor erfolgreich gegen die Verschandelung der kleinen Anrainerinsel Sa Dragonera eingesetzt hatten. Höhepunkt im Kampf um Es Trenc war ein Schweigemarsch von mehr als 15 000 Menschen durch das abendliche Palma. Viele trugen Transparente mit dem Slogan: »Salvem Es Trenc – Retten wir Es Trenc!« Tausende hielten brennende Fackeln in den Händen. Ständig reihten sich mehr Leute ein, selbst der Bürgermeister der Hauptstadt lief mit. Aber der für die Entscheidung zuständige Gemeinderat ließ sich von der Kundgebung nur sehr wenig beeindrucken. Wenige Tage später wurde die Baugenehmigung um den Strand von Es Trenc erteilt. Am Abend dieser Entscheidung regnete es in ganz Palma Handzettel in Form von

Todesanzeigen: »Wir trauern um Es Trenc. Nach langer, schmerzvoller und unnötiger Krankheit ist der letzte jungfräuliche Strand Mallorcas von uns gegangen.«

Doch das Wunder geschah. Dank der groß angelegten und gut organisierten Protestkampagne wurden die Baugenehmigungen für mehrere Projekte zunächst ausgesetzt. Einige Monate später führten gerichtliche Anfechtungen zu der offiziellen und unwiderruflichen Entscheidung, »dass Es Trenc sich nicht zur Bebauung eignet und deshalb entgegen allen anderslautenden Beschlüssen von jeglicher Bebauung frei zu halten ist«. Und so ist es zum Wohl aller Naturfreunde und Strandgenießer bis zum heutigen Tag geblieben.

Kakteen und alte Steine

Heute wird der wunderschöne weite Strand vorwiegend von jungen Menschen aufgesucht, die dem Nacktbaden frönen und sich anschließend in den Dünen nahtlos bräunen lassen. Wegen der großen Beliebtheit der Platja d'es Trenc ist ein Parkplatz gebaut sowie nützliche touristische Infrastruktur mit Verkaufsständen und Sonnenschirmverleih am vorderen Strandbereich eingerichtet worden. Auch in Es Trenc muss man ein wenig laufen, wenn man allein sein möchte.

Wenn man auf dem Rückweg von der Platja d'es Trenc die Straße von der Colònia de Sant Jordi nach Ses Salines wählt, entdeckt man linker Hand am Ortsausgang von Ses Salines nach wenigen Metern einen ganz besonderen botanischen Garten: den Botanicactus. Kakteenfreunde, die die weite Reise nach Baja California oder in die ariden Wüstengebiete Nordmexikos scheuen, finden im Botanicactus nahezu alle weltweit existierenden Sukkulentenarten. Mitten im Park ist ein künstlicher See angelegt – mit 10 000 Quadratmetern übrigens der größte See auf Mallorca –, an dessen Ufern auch zahlreiche tropische Pflanzen heimisch geworden sind.

Links: Der Platja d'es Trenc gehört zu den schönsten Stränden Mallorcas. – Rechts: Die Feigenkakteen haben sich perfekt an die trocken-heißen Sommer auf der Insel angepasst.

Den Nachkommen des legendären mallorquinischen Schmugglerkönigs Juan March
gehört der Großteil der Ländereien an der
Südspitze Mallorcas. Damals hatte der
»letzte Pirat des Mittelmeeres« das Territo-
rium aus strategischen Gründen erwor-
ben, heute gibt die Unternehmerfamilie
March jährlich ein mehrtägiges Fest, zu
dem sich die High Society der Insel im Palast einfindet. Der hiervon un-
beeindruckt bleibende Tourist, der zu dem im Jahre 1870 eröffneten
Leuchtturm am Cap de ses Salines fahren möchte, bewegt sich zeitweise
auf einer Straße vorwärts, die beidseitig von mannshohen Zäunen ein-
gegrenzt ist. Die Colònia de Sant Jordi ist eine der ältesten Siedlungen
auf balearischem Boden, worauf zahlreiche archäologische Funde aus
phönizischer und römischer Zeit hindeuten.

Wer noch weiter in die Vorzeit eindringen will und sich für das Leben
der Urbalearen auf Mallorca interessiert, muss bis in das weiter westlich
gelegene Capocorb Vell fahren. Die dort ca. 1000–800 v. Chr. entstan-
dene Talaiot-Siedlung hatte jedoch sehr unter den wechselnden Baupro-
jekten von Jaume II. als wie unter denen des Bischofs von Mallorca, der
hier eine Kapelle errichten wollte, zu leiden. In beiden Fällen diente die
Siedlung als Steinbruch, und einige Blöcke sind sogar schon beim Bau
der Kathedrale in Palma verwendet worden. Erst im Jahre 1931 erklärte
man die Anlage zum historisch bedeutsamen und somit schützenswerten
Monument. Die Historiker sind sich bis heute nicht zweifelsfrei sicher,
ob die Talaiots Wohnungen, religiöse Stätten oder Verteidigungsanlagen
waren. Einige Funde belegen die Nutzung in punischer, maurischer und
christlicher Zeit.

Die ersten Mallorquiner

Bei der Einordnung der frühbalearischen Ursprünge im Vergleich zur
kulturgeschichtlichen Entwicklung der benachbarten griechischen Inseln
schneiden die »ersten« Mallorquiner zunächst schlecht ab. Als bei den
Griechen die Obsidianmesser und Steinhämmer durch Werkzeuge und
Waffen aus Bronze und Kupfer ersetzt wurden und in Anatolien die

Links: Megalithischer Turm in Ses Païsses – Rechts: Windmühlen am Flugplatz von Palma

Menschen längst mit der Töpferscheibe umzugehen wussten, begannen die Bewohner der Balearen gerade damit, Rauchabzugslöcher und höhere Eingänge in ihren Wohnhöhlen zu bauen. Das östliche Mittelmeer war eindeutig zuerst aus dem Dornröschenschlaf aufgewacht und angetreten, zur Wiege europäischer Kultur zu werden. Das sollten die Urbalearen im westlichen Mittelmeer bald zu spüren bekommen.

Die überlegenen östlichen Nachbarn begnügten sich zunächst noch mit gelegentlichen Stippvisiten, auf denen sie allerlei merkwürdige Sitten und Gebräuche beobachten konnten. Die mallorquinischen Balearen bauten die vorgefundenen Höhlen weiter aus, legten künstliche Höhlen, sogenannte *coves* an, um schließlich Grab- und Wohnstätten mit Türmen aus mörtellos zusammengefügten Steinblöcken zu errichten. Die hufeisenförmigen, megalithischen Grabstätten werden als *navetas* bezeichnet, die als Ruinen insbesondere auf Menorca noch zu finden sind. Die Menorquiner bauten zudem *taulas*, überdimensionale steinerne Tische, die religiösen Ritualen gedient haben mögen. Auf Mallorca sieht man zahlreiche, konisch nach oben zulaufende Turmkonstruktionen ohne Dach,

ebenfalls ohne Mörtel aus Steinen zusammengesetzt und bis zu acht Meter hoch. Dies sind die besagten *talaiots*, was auf Arabisch Turm oder Wachturm heißt.

Zu den Buchten der Ostküste

Hinter dem Südkap ändert sich das Landschaftsbild. Hunderte kleiner Sandstrände an ebenso vielen tief eingeschnittenen Fjorden von Cala Figuera bis Cala Rajada locken jährlich Hunderttausende von Touristen an. Dabei ist es wegen der Vielzahl der Buchten möglich, seine eigene Lieblingsbucht auszuwählen: sei es die Cala Bona, die »gute Bucht« oder weiter südlich die »bessere« Bucht, Cala Millor. Mit dem Tourismusboom sind an nahezu jeder Cala Appartement- und Hotelanlagen entstanden, bei denen die Erbauer mal mehr, mal weniger die Integration in die Landschaft mitbedacht haben. Trotz der anwachsenden Urbanisationen gibt es noch einige versteckte Buchten an diesem 70 Kilometer langen Küstenabschnitt, die oft nur auf Feldwegen oder zu Fuß vom Land aus zu erreichen sind. Dennoch herrscht an den meisten Stränden im Sommer reges Treiben. Sand ist an diesem Küstenabschnitt gleichbedeutend mit dem Zugang zum Meer, es gibt so gut wie keine Felsstrände. Dies macht sie gerade für Familien mit kleinen, vom Sand begeisterten Kindern so attraktiv, zudem finden die Kleinen an den relativ kurzen Stränden ihre Eltern leicht wieder und treffen auf ihresgleichen.

Noch vor 40 Jahren konnte man die schönsten und einsamsten Badebuchten an der Südostküste mit dem Auto überhaupt nicht erreichen. Man musste das Fahrzeug in der sonnendurchglühten Garrigue stehen lassen und sich zu Fuß den Weg zum Meer suchen. »Der Liebhaber unberührter Natur empfindet diesen Zustand mit Recht als ideal und hofft, dass er noch lange dauern möge«, heißt es in einem der ersten Mallorca-Reiseführer. Heute führt die viel befahrene Straße von Santanyí im Süden

Links: Im Hafen von Cala Rajada ankert so mancher Stolz deutscher Mittelmeersegler. – Rechts: Glasklares Wasser vor den Hotels von Cala Millor, einem reinen Ferienresort

An schönen Tagen ziehen Mallorcas Strandschönheiten alle Register der Verführung.

bis zur Costa de Canyamel immer nahe der Küste entlang. Sie bewegt sich im Abstand von drei bis fünf Kilometern vom Meer entfernt durch ein zumeist welliges Hinterland, den Ausläufern der Serra de Llevant, das landwirtschaftlich intensiv genutzt wird. Die Erhebungen des der »aufgehenden Sonne« (llevant) zugewandten Mittelgebirges liegen zwischen 100 (Sant Llorenç des Cardassar) und 500 Metern (Ermita de Sant Salvador) über dem Meeresspiegel. Ideal bieten sich hier Wandern und Fahrradfahren als Alternative zum Strandurlaub für all jene an, die sich an diesem Küstenabschnitt einquartiert haben.

Blühende Garrigue

Natürlich kommen die meisten Touristen im Hochsommer wegen der außerordentlich schönen Strände. Aber gerade auch um die Osterzeit, wenn die Garrigue blüht, lohnt ein Besuch. Der steppenartige, halbhohe Buschwald, durchsetzt mit Ginster, Lavendel, Gewürzkräutern, Mastix und Heidekräutern, mit Zwiebelpflanzen wie Gladiolen, Iris und Lauch, bestimmt überall dort links und rechts der Straße von Santanyí bis Cala Rajada das Landschaftsbild, wo nicht die Bauern Mandel-, Oliven- oder Feigenbaumgärten auf dem unfruchtbar erscheinenden Boden angelegt haben.

Cala Figuera ist ein romantischer Ort, wenngleich das ehemalige Fischerdorf in der malerischen Felsenbucht keinen eigenen Badestrand vorweisen kann. Besonders der kleine Fischerhafen lädt zum Verweilen ein. Ein kleiner Fußpfad führt in rund 30 Minuten an den Klippen entlang zu der schönen Sandbucht Cala Santanyí, dem ehemaligen Bootsanlegeplatz von Santanyí. Zwischen den sanften Bergrücken um Santanyí sind im Sommer zahlreiche Hanseaten anzutreffen, denen es im Prominentenort Port d'Andratx zu hektisch geworden ist. Vom »Hamburger Hügel«, wie

Links: In den Fischrestaurants an den Hafenpromenaden der Port-Städtchen speist man vorzüglich. – Rechts: Der Hafen von Cala Figuera liegt am Ende einer Felsbucht.

die Gegend unter Insidern deshalb auch genannt wird, blicken die Fincabesitzer aus dem deutschen Norden auf ihre Jachten im Hafen und freuen sich, den neureichen rheinischen Frohnaturen im »Düsseldorfer Loch« um Andratx entkommen zu sein.

Naturparadies Mondragó

Die Entfernungen zwischen den Orten und Buchten an der Ostküste sind nicht groß, sodass sich auch Fahrrad oder Vespa gut eignen, um auf Entdeckungsreise zu gehen. Warum nicht einfach einmal einem holprigen Feldweg folgen und sich überraschen lassen? Vielleicht endet er in einer kleinen, einsamen Bucht. Die Wahrscheinlichkeit für erfreuliche Entdeckungen ist zwischen Cala Figuera und Portopetro recht groß. Das Feinste vom Feinen wartet im Naturpark Mondragó. Dichte Pinienwälder, dann öffnet sich plötzlich eine große Bucht. Auf beiden Seiten fallen Muschelsteinfelsen steil ins Meer. Dazwischen befinden sich die zwei großen, feinen Sandstrände der Cala Mondragó, miteinander verbunden über einen Strandweg. »Mondragó por tots« – »Mondragó für alle«, steht

auf den Felsen. Auch hier gehört das mit Pinien bestandene Hinterland einer Investmentgesellschaft, die mehrere Hotelkomplexe errichten wollte. Doch konnte die balearische Regierung unter dem Druck der Öffentlichkeit die Bebauung verhindern und die Doppelbucht unter Naturschutz stellen.

Cala d'Or, die erste Urbanisation Mallorcas

In der Cala d'Or, ein paar Kilometer nördlich von Portopetro, wurden mit einer breit angelegten Einzelhaussiedlung vor bereits mehreren Jahrzehnten die Grundmauern für den organisierten Massentourismus gelegt. Die wenigen Straßen im Ortskern sind heutzutage sehr belebt. Nicht Massenhotels für Billigurlauber hatte der Schöpfer der ersten künstlichen Siedlung an der Südostküste im Sinn – die waren damals noch nicht in Sicht –, vielmehr waren Bohemiens und Künstler seine Klientel, die sich vom Meer und der Schönheit der unbebauten Küstenlandschaft angezogen fühlte. Der Unternehmer kaufte zehn Hektar Land inmitten eines Pinienwaldes, der zwei kleine Buchten einschließt, ließ weiße Kubus-

häuser im ibizenkischen Fincastil errichten und verkaufte oder vermietete sie. Die erste Urbanisation auf den balearischen Inseln war entstanden – schön, vornehm und ruhig, dazu noch ein bisschen alternativ. Dann kamen Anfang der Sechzigerjahre die Aussteiger und Hippies in den Ort, angezogen vom türkisblauen Meer, den langhaarigen Künstlern, den Nächten im weichen Sand der Cala Gran bei Rotwein und Haschisch. Zehn Jahre später war Cala d'Or schon längst kein Geheimtipp mehr: zu eng, zu laut, zu teuer und überlaufen. Heute bestimmen Freizeitkapitäne, die in den tiefen Buchten ideale Ankerplätze für ihre schwimmenden Eigenheime vorgefunden haben, die Szenerie um den modernen Hafen. Über die Bootsstege gelangen die Schiffsurlauber direkt hinüber zu den Cafés und Restaurants. Cala d'Or ist zwar ein künstlich geschaffener Ort, aber alle Neubauten versuchen auf die von der Natur vorgegebenen Bedingungen einzugehen.

Hafenidylle in Portocolom

Portocolom ist ein Ort mit gewachsener Infrastruktur am Ende einer gewaltigen, fast geschlossenen Bucht. Fast könnte man vergessen, dass man sich am offenen Meer befindet, wenn man nicht die Spitze des Leuchtturms und die Fischerboote und Segeljachten im Hafen sähe. Bunt bemalte Bootsschuppen weisen darauf hin, dass es den Fischern trotz der geschützten Lage in den stürmischen Wintermonaten ratsam erscheint, ihre Boote in Sicherheit zu bringen.

Einfache Kneipen, ein paar gute Restaurants und einfache Hotels an der Hafenpromenade in der Nähe der Mole vermitteln den Eindruck beschaulicher Behaglichkeit. Sobald man einmal um die ganze Bucht gelaufen ist, kennt man den Grund für die relative Ruhe, die selbst im Hochsommer in Portocolom noch vorzufinden ist: Die Bademöglich-

Links: Bootshaus mit Farbtupfer in der Bucht von Portopetro – Rechts: Auch Amateure können auf Mallorca, etwa hier in Portocolom, mit kleinen Booten in See stechen.

keiten des Ortes erweisen sich als sehr begrenzt. Die nächste Bucht trägt den Namen Cala s'Algar, im Süden von Portocolom liegt die Cala Marsal.

Obwohl die Mallorquiner in Portocolom, wie anderswo auch, sehr auf Eigenständigkeit bedacht sind und sich bewusst von ihren Besuchern abgrenzen, hat sich hier ein freundschaftliches Verhältnis zwischen einem Teil der Einwohner und manchem Dauergast aus dem Ausland entwickeln können. Deutsche Ferienhausbesitzer stellen ihren Nachbarn, die während der Wintermonate in den verlassenen Fincas nach dem Rechten sehen, im Sommer ihr heimatliches Domizil in Deutschland zur Verfügung.

Das Landstädtchen Felanitx, gut zehn Kilometer von Portocolom entfernt, ist einen Abstecher wert. Die dortigen Winzer bauen einen vorzüglichen Wein an, der zu 70 Prozent den Löwenanteil der mallorquinischen Weißweinproduktion ausmacht. An jedem Sonntag herrscht ein buntes, geschäftiges Treiben um die Markthalle herum. Hier ist die gesamte Bevölkerung in den engen Gassen auf den Beinen. Von den Windmühlen, für die das von den Mauren gegründete Städtchen lange Zeit berühmt war, sind die Turmreste noch erhalten geblieben.

Die Ermita de Sant Salvador

Vor der Stadt erhebt sich eine gewaltige Felskuppe mit der Ermita de Sant Salvador. Den bekannten Wallfahrtsort erreicht man in wilden Serpentinen durch Kiefernwälder hinauf, bis man zum Kloster auf dem Plateau gelangt. Ein überwältigender Blick aus einer Höhe von 500 Metern erwartet den Besucher: Die gesamte Ostküste bis hin nach Cabrera und Ibiza bietet ein sagenhaftes Panorama. Bei vielen Reiseunternehmen steht der Aussichtspunkt über der Cala-Küste mittlerweile auf dem Ausflugsprogramm.

Links: Auch den Hafen von Portocolom steuern viele Jachten an. – Rechts: Portocolom, das hübsche Städtchen am Wasser, lockt mit Restaurants, Hotels und Geschäften.

Zwei Mönche in der Vorhalle des Klosters können gar nicht so schnell den Marienippes einpacken, wie er von den Wallfahrern nachgefragt wird. Der Radsportler Guillem Timoner hat ein Gedicht hinterlassen, das, in viele Sprachen übersetzt, in einem dicken Holzrahmen in der Vorhalle hängt. »Mein Glaube zu Euch war der Grund meines dreifachen Triumphes als Weltmeister. Entfernt von Euch, erhabene Mutter, radelten meine Beine in der Begierde des Triumphes«, kann man dort staunend lesen. Trotz des Rummelplatzcharakters rund um das Kloster, dem die beiden Mönche in stoischer Ruhe und festem Gottesglauben begegnen, ist die Ermita de Sant Salvador neben dem Kloster Lluc in den Bergen der Serra Tramuntana noch immer der wichtigste balearische Wallfahrtsort. Wer ein bisschen Glück hat, wird vielleicht sogar Zeuge einer mallorquinischen Hochzeit auf dem heiligen Berg.

Viel ruhiger geht es im Castell de Santueri wenige Kilometer südlich des Klosters zu. Auf einem schmalen Weg, vorbei an Rebstöcken und Mandelbäumen, fährt man den Puig des Carritxo (408 Meter über NN) zum römischen Kastell hinauf, das nach den Römern auch die Araber als un-

Links: Sa Dragonera – Rechts: Am Naturhafen Cala Llado

einnehmbare Befestigung zu schätzen wussten. Schaut man von den Ruinen der Burg die steilen Wände hinunter, wird sofort verständlich, warum die christlichen Heere des Königs Jaume I. immerhin ein Jahr lang anrennen mussten, um die Wehranlage aus Maurenhand zu erobern. Auch den reichen Landbesitzern diente das Kas-

tell während der Bauernaufstände in den Jahren 1521 bis 1523 als Zufluchtsort.

In die Rochenbucht

Von Artá gelangt man über Capdepera, in dessen Ortsmitte sich das Castell de Capdepera erhebt, nach Cala Rajada, der »Rochenbucht«. Der einstmals von jungen Rucksacktouristen »entdeckte« ruhige Fischerort mit den weiten, von Pinienwäldern umgebenen Sandstränden in nächster Nähe, beherbergt nun zahlreiche Hotels, Appartements, Ferienwohnungen und Villensiedlungen. Noch immer zieht es viele junge Leute nach Cala Rajada. Zum einen, weil sie sicher sein können, dort auf ihresgleichen zu stoßen, zum anderen wegen der ungewöhnlich guten Bademöglichkeiten. Ansonsten gehört der Ort den gutbürgerlichen, meist deutschen Urlaubern. Schon in den Anfangstagen des Mallorca-Tourismus wird die Gegend überaus lobend erwähnt: »Capdepera ist der Ausgangspunkt von zwei beglückend schönen Abzweigungen zur Küste. Die eine führt zu dem bekannten Badeort Cala Rajada, einem kleinen Fischerhafen mit Hotels, Cafés, Läden und der schmeichelnd einladenden Badebucht Cala Guya. Die andere führt zur Cala Mesquida, der in jeder Hinsicht schönsten Bucht Mallorcas. Weit sich dehnend, einsam, mit sauberem Wasser und feinem weißen Sand, der sich hoch in die Pinienwälder hinaufzieht. Die fröhliche, ausgelassene Jugend eines technisch tadellos eingerichteten Campinglagers verliert sich glücklich in der großen schweigenden Landschaft.« Den Campingplatz gibt es zwar nicht mehr, aber die Buchten in der Umgebung, wie die Cala Torta und Cala Mitjana, haben noch immer ihren Charme von damals.

Die Top Ten Mallorcas

Mit dem »Roten Blitz« ans Meer

Die Bahnfahrt gehört zu den großartigsten Touren im Inselinneren. Die erste Bahn verlässt den Bahnhof an der Plaça Espanya in Palma um 8 Uhr und führt in einer Stunde durch das Gebirge nach Sóller. 1912 gebaut, um die Orangen aus der Ebene von Sóller in Palma vermarkten zu können, erinnert der Zug noch immer an die gute alte Zeit. Wer mag, kann vor dem Jugendstil-Bahnhof in Sóller in die historische Tram umsteigen und nach Puerto de Sóller rollen. Die Bahn fährt am Sandstrand entlang und hält vor der Bar im Hafen: www.trendesoller.com.

Palmas Kathedrale und Sa Portella

Wer sich Palma mit einer Fähre oder einem Kreuzfahrtschiff nähert, sieht sie schon von Weitem: die mächtige Kathedrale La Seu (»Sitz«, »Dom«). Sie wird auch »Kathedrale des Lichtes« genannt: Erhellt wird ihr Sakralraum von zwei riesigen Fensterrosetten. Den Hauptaltar krönt ein schwebender Baldachin von Antoni Gaudí, und seit der zeitgenössische Künstler Miquel Barceló die Capella Sant Pere in ihrem südlichen Seitenschiff ausgestalten durfte, ist La Seu erst recht einmalig. Danach bietet sich ein Streifzug durch Sa Portella an. Im ältesten Stadtteil sind Paläste aus dem 14. und 15. Jahrhundert mit ihren verwunschenen Innenhöfen zu entdecken, sowie die ehemaligen arabischen Bäder.

Tagesausflug nach Menorca

Zwischen Juni und September verkehren Schnellboote von Port d'Alcúdia (7.30 Uhr hin, 22 Uhr zurück, man kann Räder mitnehmen) vom alten Hafengelände aus nach Ciutadella auf Menorca. Der Tagesausflug beginnt im Hafen von Ciutadella und führt zu Adelspalästen und lauschigen Plätzen in der Stadt. Auf der Insel reizen vor allem die Sandstrände. Viele Buchten auf Menorca sind weiße Flecken auf der Touristenlandkarte, die man nur zu Fuß erreichen kann. Naveta des Tudons heißt die bedeutendste prähistorische Anlage auf den Balearen, die man sich bei einem Menorca-Ausflug ebenfalls nicht entgehen lassen sollte.

Das Kloster Lluc

Der nördliche Teil des Tramuntana-Gebirges ist die wildeste Gegend der Insel. Hier hatten sich die Templer nach der Vertreibung der Mauren im 13. Jahrhundert niedergelassen; später entstand der bis heute bedeutendste Wallfahrtsort Mallorcas: das Monestir de Lluc. Das Kloster, in dem man übernachten kann, liegt in einem Hochtal. Es stellt einen idealen Ausgangspunkt für Wanderungen und Klettertouren dar. Lluc ist umgeben von den höchsten Bergen Mallorcas und wird durch eine der steilsten Schluchten Europas mit dem Meer verbunden. Aufgrund seiner Tradition als Wallfahrtsort besitzt das Kloster eine gute Infrastruktur für Wanderer, die hier Pilgerwegen folgen können.

Valldemossa

Seine Anziehungskraft hat Valldemossa einem verregneten Winter und zwei Besuchern vor 175 Jahren zu verdanken: Frédéric Chopin und George Sand gelten als die ersten Touristen auf Mallorca. Im Kartäuserkloster von Valldemossa kann man das Manuskript ihres Buches über die Insel nach der Reise im Winter 1838/39 bewundern. Obwohl die Pariser Weltbürgerin die Bewohner der Insel darin mit giftigen Attacken geradezu überschüttet, ist »Ein Winter auf Mallorca« noch immer der Insel-Bestseller.

Sa Granja

Der größte Landsitz Mallorcas liegt zehn Kilometer von Valldemossa entfernt in Richtung Esporles. In Sa Granja, in dessen Gärten schon die Schriftstellerin George Sand Limonen gepflückt hat, hat die Mallorquiner Familie Fortuny, in deren Besitz sich das Landgut seit 300 Jahren befindet, eine Touristenattraktion geschaffen. Der zum Museum umgestaltete Besitz mit Gartenanlagen ist sehenswert: Wasserspiele im Park, eine mittelalterliche Schmiede und vieles mehr locken Besucher an. Sa Granja ist täglich von 10 bis 19 Uhr geöffnet: www.lagranja.net.

Entlang der Serra Tramuntana

Die Königsetappe für Radfahrer ist die »Nordwestpassage« entlang der Steilküste durch die Felsformationen der Serra Tramuntana. Einige Abschnitte zwischen Andratx und Pollença, die gute Kondition erfordern, sind allerdings in den Ferienzeiten stark von Autos befahren, sodass man dann besser auf die einsame und nur leicht hügelige Inselmitte ausweichen sollte.

Durch den Torrent de Pareis

Die Durchquerung der 4,5 km langen und bis zu 400 m tiefen Schlucht ist über weite Strecken eine Kletterpartie. Der zweitgrößte Cañon des gesamten Mittelmeerraums stellt einige Anforderungen an Trittsicherheit und ist nur zwischen Mai und September bei gutem Wetter zu empfehlen. Geführte Touren kann man zum Beispiel auf www.mallorcamuntanya.com buchen.

An der Platja d'es Trenc

Man erreicht die Platja d'es Trenc von der Colònia de Sant Jordi aus auf einer kleinen Landstraße. Der mehrere Kilometer lange Dünenstrand im Süden der Insel, ist zum Symbol der mallorquinischen Ökologiebewegung geworden, die erfolgreich gegen die bereits erteilten Baugenehmigungen zu Felde zog. Feiner, weißer Sand und weitläufige Dünen, die sich in Pinienwäldern verlieren, erwarten den Besucher. Die Platja d'es Trenc ist der letzte unverbaute Sandstrand Mallorcas.

Sa Dragonera

Die Insel Sa Dragonera (»Dracheninsel«) ist 4 km lang, über 300 Meter hoch und sieht von Sant Elm aus tatsächlich wie ein sich im Meer suhlender Drache aus. Das unbewohnte Eiland, auf dem Tausende Seevögel ihre Brutplätze haben, diente früher Piraten als Schlupfwinkel. Mit Beginn des Massentourismus sollte Dragonera zu einem Ferienresort ausgebaut werden, dank der hartnäckigen Widerstands der Umweltschutzorganisation GOB hat man es 1995 aber zum Nationalpark erklärt. In den Sommermonaten verkehren stündlich Fähren von Sant Elm aus zu verschiedenen Anlegestellen, von denen aus man die Vogelinsel zu Fuß erkunden kann.

Dank der Umweltorganisation GOB
blieb der Strand der Cala Mondragó
nahezu unberührt.

Register

Impressum

Verantwortlich: Marianne Rösler
Layout: graphitecture book & edition
Korrektorat: Viola Siegemund
Repro: Repro Ludwig
Umschlaggestaltung: Ulrike Huber
Kartografie: Astrid Fischer-Leitl
Herstellung: Miriam Tönnes
Printed in Italy by Printer Trento

Unser komplettes Programm finden Sie unter  www.bruckmann.de

Alle Angaben dieses Werkes wurden vom Autor sorgfältig recherchiert und auf den aktuellen Stand gebracht sowie vom Verlag geprüft. Für die Richtigkeit der Angaben kann jedoch keine Haftung übernommen werden.

Bildnachweis: Alle Bilder des Innenteils und des Umschlags stammen von Gerhard P. Müller, außer: Bildagentur Huber: S. 64/65 (Sladja, K.); Bildagentur Look: 108/109 (Holger Leue); Ernst Wrba: 6/7, 26, 83, 90 (2); Fotolia: 92, 114 (anweber), 75 2.v.o. (berg_bcn), 76 Mi. (Jack PP), 120 (felinda), 130 (Mayntz, D.), 16, 105o. (Netzer, J.), 46u. (winni); Holger Leue: 122; Shutterstock: 136 (Anna Pavlyuk), 125 (Davats, Y.), 45o., 46o. (dzujen), 48o. (Eichentopf, W.), 23li., 24o. (Elena Medvedeva), 117u., 118o. (Elzza), 133 (Fuster, P.), 62 (holbox), 101o., 102o. (imaginasty), 30, 84/85 (nito), 75o., 76o. (olies), 28/29, 69 (osmera.com), 97, 98 (2) (Quintanilla, I.), 54, 56 (Wolde, A.), 12o. (Yudina Anna), Portraitfoto R. Motz: Sigrid Krebs.

Seite 1o.: Mandelblüte auf Mallorca; u.: Windmühle im Abendrot
Seite 2/3: Ländliche Idylle bei Santa Maria del Camí
Seite 4/5: Palma de Mallorca bei Nacht und aus der Luft

Umschlag: Vorderseite v.o.n.u.: Segelboot (Shutterstock/olies); Sonnenuntergang über einem Leuchtturm bei Cala Rajada; Olivenöl (Shutterstock/dzujen); Cap de Formentor (Fotolia/anweber); Mandelblüte (Shutterstock/Yudina Anna); Postkarte im Hintergrund (Shutterstock/caesart); Rückseite: Mallorcas Hauptstadt mit ihrer berühmten Kathedrale (Ernst Wrba)

Die Deutsche Nationalbibliothek verzeichnet diese Publikation in der Deutschen Nationalbibliografie; detaillierte bibliografische Daten sind im Internet über http://dnb.d-nb.de abrufbar.